HYPER
EVOLUTIONARY
Management

超進化経営

勝ち続ける
企業の5つの型

名和高司
Takashi Nawa

日本経済新聞出版

はじめに

ようやく、光がさしてきた――そんな風に、感じている人が多いのではないだろうか。筆者も、毎週末、京都に戻るたびに、内外の旅行者の増え方に驚かされる。

企業も、このところの株高もあって、少し元気を取り戻してきているようだ。ChatGPTの出現にとまどったのもつかの間、今では、生成AIと共生する未来が語られ始めている。

この高揚感を、大切にしたい。不安は人を、守りの殻に閉じ込める。一方、希望は、人に未来の扉を開かせる。メディアはVUCA時代などと不安を煽りたがるが、先が見えない時代は未知の可能性に溢れているはずだ。

ただ、だからといって闇雲に突き進んでみても、素晴らしい未来が拓けてくるわけではない。こういう時だからこそ、今一度、過去からの学びに立ち返ってみたい。そう、温故知新である。世の中が歴史ブームに沸くのも、偶然ではあるまい。

企業の舵取りという観点でも、進化の歴史から学べることは少なくないはずだ。日本には、創業100年を超える長寿企業が3万社を超える。上場企業の10倍に近い数字だ。その多くは非上場の零細企業だが、なかには、竹中工務店のような大企業や、中川政七商店のような新興企業張りの超成長を遂げている企業もある。ちなみに竹中は創業400年、中川は創業300年を超える超長寿企業だ。

上場企業をみても、時価総額トップ20には、三大商社（三菱、伊藤忠、三井）、日立製作所、任天堂など、100年超え企業が名を連ねている。ただ、年季が入った企業は、資産を不必要にため込んでしまいがちだ。企業におけるメタボ現象である。

最近では、資本市場で資産効率を評価する指標として、PBR（Price Book-value Ratio：株価純資産倍率）が注目されている。日本には、PBR1倍割れ企業が半数近く存在する一方で、PBR2倍を超える長寿企業も少なくない。本書では、そのような企業を独自のフィルターにかけ、超進化企業トップ50社としてランキングした。そのうえで、100年超の長寿企業に焦点を当てて、持続的進化の法則を導き出してみたい。

企業の進化は、いくつかのパターンに分類することができる。筆者は一昨年、『日経ビジネス』の特集「勝ち残る「変身経営」」（2022年3月28日号）で、4つの類型を紹介した。その後、本書を書き下ろすにあたって見直した結果、それらを5類型に「進化」させることにした。「頭足（オクト）」型、「軸旋回（ピボット）」型、「異結合（クロス）」型、「脱構築（デコン）」型、「深耕（カルト）」型の5つである。それぞれについては、本書のなかで詳しく論じることにしたい。

1つだけ新たに加えた類型について、簡単に触れておこう。5つ目の「深耕（カルト）」型である。本業を一意専心に深掘りすることで、進化し続ける企業群を指す。前出の『日経ビジネス』の特集では「業態変革」に着目したため、完全に見落とされていたものだ。

本書でランクインしたPBRが高い進化企業の半数以上が、この類型に属している。業態変革ではなく、本業の深掘りこそが、進化の王道であることに、あらためて気づかされる。

今回の分析を通じて、もう一つの発見があった。各企業の歴史を読み解くと、これら5つの類型を「壁抜け」して進化していることに気づかされたのである。本書では、それを「進化経営マンダラ」と名づけて紹介させていただく。

本書は次のような章立てとなっている。

序章では、進化経営の全体像を示す。企業進化の5つの類型と、その関係性を俯瞰する。

第1章から第5章までは、5類型それぞれを詳述する。そして、その代表的な企業事例として、頭足（オクト）型では島津製作所、軸旋回（ピボット）型ではSCREEN、異結合（クロス）型では味の素、脱構築（デコン）型ではロート製薬、深耕（カルト）型ではポーラを、それぞれ取り上げる。本章のポイントでは、それぞれの類型の「失敗の法則」と「成功の法則」を論じる。

第6章では、これら5類型に共通する「7つの法則」を抽出する。なかでもカギを握るのが「進化力」である。具体的には、「学習力（Emulating Power）」「編集力（Editing Power）」「実装力（Embodying Power）」「引込力（Engaging Power）」の4つだ。本書では、これらの頭文字をとって、「4E（クァトルE）パワー」と呼ぶ。

そして終章では、「経営の進化」を展望する。本書で論じる進化経営の本質は、「伝統の中から革新が生まれる」という逆説である。日本流を守破離することで、「シン日本流」へと進化させることを提唱する。

「失われたX年」という自虐モードは、そろそろ封印しよう。シン日本流という進化力を身につければ、非連続な未来を拓き続けることができるはずだ。本書が、そのような次世代進化を目指す企業人や学生の皆さんの心に火をつけることができれば、筆者にとって最高の喜びである。

２０２４年２月　初春の大和路にて

名和 高司

『超進化経営　勝ち続ける企業の5つの型』目次

序章　進化経営とは　15

第1章 頭足（オクト）型 多角化の功罪と新陳代謝――53

第2章 軸旋回（ピボット）型 ずらしの達人

第6章 超進化経営の法則 183

終章

序章　進化経営とは

企業の進化とは？

「進化」という言葉は、不思議な魔力を持つ。生命は長い時間の流れのなかで、進化を遂げてきた。生命の進化については、１５０余年前にダーウィンが『種の起源』を発表してからも、様々な学説が論じられ続けている。まさに進化論の進化である。

生命が「変化」することは、観察的に証明されている。しかし、それを「進歩」と混同してはならない。進歩とは、望ましい方向に進むことを意味するからである。

生命は、果たして望ましい方向に進化しているのか。それは生命進化論においても、いまだに大きな論点となっている。たとえば、国立遺伝学研究所の故・木村資生教授は、生命の進化は自然淘汰に対して有利でも不利でもなく、中立に進むと論じた。中立進化論、あるいは、非ダーウィン進化論と呼ばれる学説である。

生命は本書の主たるテーマではないので、ここではあまり詳しく立ち入らないでおこう。しかし、生命の進化が多くの示唆を与えてくれることに鑑み、これからも、有力なレファランスモデルとして、折に触れて参照していきたい。

では、本題である企業を主語に論じてみよう。企業も、進化していくのだろうか。いや、そもそも企業は、生き物なのか。

これは、思いのほか深淵な問いだ。法のうえでは、「法人」にも「人格」が与えられている。法人に対して、個人は「自然人（natural person）」と呼ばれる。だとすると、法人は正確には「人工人（artificial person）」と呼ぶべきかもしれない。しかし、法律上の決まり事を超えて、法人はあたかも人格を持った人間のようにふるまう。「社格」という言葉がある。古くは神社の格式を指していたが、現代では会社の格式に用いられることが多い。企業は、人間同様、その企業ならではの「ふるまい」が期待されるのである。

人間が集まって生活を営む集団を「社会」と呼ぶ。そして、人間と自然が共存する持続的な社会を社会生態系と呼ぶ。人間の集まりである企業も、そのような社会生態系の一員である。

だとすれば、企業は、自然と良好な関係を維持することが求められる。生態系の変化に合わせて、企業も変化しなければならない。しかも、生態系を破壊するのではなく、より豊かになる方向に振る舞うことが求められる。それが、社会生態系の一員として、企業が目指すべき進化であるはずだ。

持続可能(サステナブル)な未来

この当たり前の前提が、「サステナビリティ(持続可能性)」という言葉で、昨今あらためて注目されている。企業は、環境や社会との調和を保ち続けることによって初めて、持続可能な存在として存続することができる。

しかも、変化に中立であるだけではなく、社会生態系全体とともに、望ましい未来を拓く存在でありたい。企業経営の最前線では、そのような進化思想が注目され始めている。

たとえば、「ネットポジティブ」。ユニリーバのサステナビリティ経営を10年にわたって牽引したポール・ポルマン元CEOと、経営思想家で筆者の知人のアンドリュー・ウィンストン氏は、同名の著書(邦訳:日経BP、2022年)で「与える>奪う」という不等式を掲げる。環境や社会を搾取することを減らすだけではなく、プラスの貢献をすることが企業進化のあるべき姿だと説く。

同様に「ネーチャーポジティブ」が標榜されている。2022年12月19日にカナダのモントリオールで開かれたCOP15(国連生物多様性条約第15回締約国会議)では、生物多様性(バイオ・ダイバーシティ)を含めて自然資本を回復することが、世界レベルのアジェンダとして合意された。

豊かな未来を切り拓くためには、企業は持続可能性を経営の主軸にしっかりと位置づけなければならない。

失った30年の蹉跌

もちろん、これは今に始まった話ではない。社会生態系に貢献しない限り、企業という人工的な生命体も持続可能な存在ではありえないことは、明白だったはずだ。

ただ、残念なことに、20世紀後半、アメリカを震源地として、ダーウィン流の生存競争を前提とした新自由主義が跋扈し、企業は私利の最大化を目指し始めた。社会生態系は、市場原理の外部要素（「外部経済」）と位置づけられ、踏みにじられていった。21世紀に入り、企業活動の大前提となる地球そのものの持続可能性の危機に気づいた世界経済は、大きな方向転換を余儀なくされつつある。

その間、勤勉な日本企業の多くは、アメリカ流の競争戦略を取り込み、利益至上主義に傾斜していった。しかも皮肉なことに、それらの日本企業は、新自由主義の弱肉強食の荒波にのまれて失速していった。

言い換えれば、多くの日本企業は、社会生態系どころか、自らの持続可能性すら棄損していったのである。これが「失われた（実は「失った」）30年」の実態である。

しかし、日本企業は伝統的に、そのような利益至上主義には、背を向けてきたはずだ。たとえば、住友グループの「自利利他」の精神や、近江商人の三方よし（売り手よし、買い手よし、世間よし）は、100年以上、大切にされてきた。近江商人を起源とする伊藤忠商事は、2020年、企業理念を「三方よし」に改めている。

これらがいずれも「売り手よし」や「自利」を起点としていることに、注目したい。ESGやSDGsといった新手のグローバル旋風に煽られて、環境や社会を第一義とする見せかけのサステナビリティ経営とは、本質的に異なっているからだ。

売り手（社員）自らが喜びを感じることなく、買い手（顧客）や世間（社会・環境）をよりよくすることなどできない。「自利」という元手を膨らまし続けない限り、「利他」のために再投資することはできない。これこそが、良質な日本流経営の大原則だったはずだ。そしてそれは、アダム・スミスが『道徳感情論』（1759年）と『国富論』（1776年）に込めた資本主義の本質とも通底している。

しかし、昨今の「サステナビリティ」大合唱は、この資本主義の本質を踏み外してしまっている。このままだと、環境や社会どころか、自らの持続可能性そのものが危うくなる。グローバルスタンダードという卑屈な和製英語にとりつかれている限り、「失ったX年」を性懲りもなく重ねてしまうことになるだろう。

企業の寿命30年説

もっとも、「企業はそもそも持続可能な存在ではない」と、開き直ることもできるだろう。『日経ビジネス』は、1983年に、「企業の寿命30年説」を唱えた。なにも30年で倒産すると言っているわけではない。現にそれからちょうど40年経った今日、まだ生きながらえている企業は数多い。

ただ、企業が繁栄を謳歌する期間は30年だというのだ。たとえば、平成元年（1989年）の世界の時価総額ランキングをみると、トップ50社のうち、ちょうど半数が日本企業、しかもトップ5を独占していた。しかし30年後の平成31年（2019年）のランキングでは、唯一トヨタが11位から大きく下がって、45位に顔をだすだけだ。

もっとも、何も日本企業に限った話ではない。30年後もトップ50に残っているのは、トヨタ以外は、6社（エクソンモービル、ロイヤル・ダッチ・シェル、AT&T、ウォルマート、コカ・コーラ、メルク）にすぎない。しかもその中でランキングを大きく上げたのは、ウォルマート1社（40位から15位）だけだ。

2019年にトップ5を独占したのは、GAFAMの5社。またトップ10には、アリババ（7位）やテンセント（8位）などの中国企業が顔を出す。平成の30年間は、日本がデジタル産業の急成長に完全に乗り遅れたことが浮き彫りになる。

しかし、よく見ると、ジョンソン・エンド・ジョンソン（10位）やP&G（15位）など、100年を大きく超える企業も健闘している。どうやら花形産業や企業銘柄が様変わりしただけともいいきれない。いわば「若返り（rejuvenate）現象」である。

企業の寿命30年説は、経営者にとっての都合のいい言い訳でしかないのかもしれない。

長寿企業大国ニッポン

時価総額ではなく、企業の寿命という切り口で比較してみよう。日経BPコンサルティング・周年事業ラボが2020年に行った調査によると、次のような絵が見えてくる。

●創業100年以上の日本企業は3万3076社で、世界トップ。世界の100年企業全体に占める割合は41・3%。
●創業200年になるとその傾向はさらに高まり、企業数は1340社で日本がトップ。世界の創業200年を超える企業全体に占める割合は65%。

100年以上で半数近く、200年以上となると3社中2社が日本企業だというのである。日本は人間の寿命でも最長寿国として知られているが、企業の寿命に至ってはぶっちぎりである。

ただ、その世界ランキングの中身をよく見ると、次のような構成になっている。

●100年企業出現率の最も高い業種は小売業、創業200年以上になると宿泊・飲食業がトップ。
●売上規模別に見ると、100年企業の半数近くが、1億円未満。

つまり、その多くが地場産業の零細企業というのが、実態である。時価総額ランキングとはまったく様相が違うことも頷ける。

では、日本には長寿企業が多いということを、手放しに喜んでいいのだろうか。

実はゾンビ企業大国？

そもそもなぜ、日本企業の多くは、成長することなく長生きできるのか。もっと言えば、なぜそのような企業が退場を迫られずに、長居し続けているのか。

ここで再び生命論に立ち返ると、生命は細胞が新陳代謝を繰り返すことによって、生きるエネルギーを生み出している。新陳代謝に乏しい日本の組織は、活力が著しく不足しているともいえるのではないだろうか。

たとえば、上場企業の価値を測る指標として、PBRがある。株価純資産倍率(Price Book-value Ratio)のことだ。株価を一株当たりの純資産で割った倍率である。PBRが1倍であれば、その企業の純資産の価値と株価が等しくなる。1倍を切るようであれば、その企業は事業を続けるより、資産を売却して解散した方が価値を生むことを意味する。

2023年3月31日の時点で、東証プライム市場とスタンダード市場に上場する約

３３００社の半数が、ＰＢＲ１倍を割っていた。これは資本市場にとっては、常軌を逸する事態である。東証はこの日、ＰＢＲ１倍割れの約１８００社に対して、改善策を要請した。もっともというより、遅きに失するという感を禁じ得ない。

東証の要請を受けてＰＢＲを改善する動きが加速し、世界の同時株高の勢いにも乗って、本書の分析（２０２３年３月末）の直後から、ＰＢＲを向上させた企業が増えた。しかし、その多くは株主配当を増やすなどの一過性の動きによるものでしかなく、今後定着する保証はどこにもない。

ＰＢＲが１倍を割っているということは、資本市場がノーを突き付けているということである。株価が企業価値を正しく反映しているとすれば、その企業は存在価値そのものが問われているのである。日本では、なぜこのような異常事態がまかり通ってしまっているのか。

まず、株価が企業価値を適正に評価していない可能性。しかしそうだとすると、目ざとい投資家がそのような銘柄に「買い」を入れ、株価は適正に上昇するはずだ。

だとすると、資本市場そのものが適正に機能していないことになる。これまでも、株主がそのような低水準の価値に甘んじていることが、しばしば指摘されてきた。ここにきてようやく株式の持ち合いという日本的な慣行にメスが入り、国内外の短期投資家の声が反映されるようになって、市場機能は正常化しつつある。

しかし、コーポレート・ガバナンスが声高に唱えられてから8年たってなお、この体たらくである。本来、資本市場から退場を迫られるべき企業が、のうのうと生き延びている。日本の実態は、長寿企業というより、「ゾンビ」企業大国というべきかもしれない。

迷走するガバナンス改革

そもそも、政府や東証、そして御用学者が唱えるコーポレート・ガバナンス改革そのものが、迷走し続けていることも見逃せない。特に3つの「勘違い」が、事態をますます混乱させている。

第一に、ROE8%以上を目標として掲げた点。これを短期に実現するには、分子の当期純利益を高くし、分母の株主資本を小さくするのが一番だ。そのためには、利益を将来投資に回すより、自社株買いが手っ取り早い。しかし、そのような見せかけで糊塗する企業には未来はない。もっとも、ゾンビ企業として低ROEを続けるよりも、短期的に花を咲かせて散っていく方が、経済全体の活性化をもたらすかもしれないが。

ＲＯＥは、本来、「儲ける力」を示す指標のはずである。投下する資本に対して、どれだけリターンを出すことができるか。ＲＯＥを持続的に高めていくためには、価値を創造（Value Create）し、価値を獲得（Value Capture）し、かつ市場から理解・共感を得る（Value Communicate）必要がある。筆者はそれを「VC³（キューブ）」と呼んでいる。このような「儲ける仕組み」を構築せず、ガバナンス改革旋風に煽られて小手先のＲＯＥ向上策に走っている企業が、後を絶たない。

第二に、ここにきて、とってつけたように「人的資本」を持ち上げている点。短期的な利益の最大化ではなく、ヒトへの投資が大切だというのは一見正しそうだ。しかし、ヒトを、将来利益最大化のための元手（資本）としてしか捉えていない資本主義の狭隘な発想からまったく抜け切れていない。

ヒトは「人材」ではなく「人財」である。そして、資本ではなく、「資産」である。さらに「資源（リソース）」ではなく、あらゆる価値創造の「源（ソース）」である。悪気なく使っている「人的資本」という言葉遣いそのものに、衣の下の鎧（利益至上主義）が見事に透けて見えているのである。

しかも、ヒトへの投資を、「非財務指標」と呼んでいるので話にならない。ヒトへの投資は「非」ではく「未」財務であるはずだ。そのためには、どのような人財投資が、どのような将来価値を生み出すかを因果関係として示し、仕組化していく知恵が求められる。

しかし、「働き方改革」や「リスキリング」「ジョブ型」など、世の中の風潮に流されて表面的な打ち手を繰り出している企業が後を絶たない。投資は、誰でもできる。それをいかに将来価値に結び付けるかがカギとなるのである。

ＰＢＲ２倍超え

そして３つ目の過ちが、今回のＰＢＲ１倍超えの大合唱だ。

ＰＢＲはＲＯＥとＰＥＲの積である。まずはＲＯＥ、すなわち構造的な「儲ける仕組み」が大前提だ。そのうえでＰＥＲ、すなわち一株当たりの利益（ＥＰＳ）に対して、株価が何倍になっているかが問われる。言い換えれば、今の利益を将来どれだけ成長させることができるかについての市場の期待が込められた数字である。

ＰＥＲが高ければ、それだけ成長株として期待されていることになる。したがって、一般的に、デジタルやバイオなどの成長産業ではＰＥＲは高く、伝統的な成熟産業ではＰＥＲは低い。しかし、成長産業は期待が過熱するとバブル現象を引き起こしやすい。一方、成熟産業においてもデジタルやバイオなどのパワーをうまく取り込んで成長シナリオを打ち出すことができれば、同業他社を大きく上回るＰＥＲを実現することも可能だ。

言い換えれば、基本的な「儲ける仕組み」（ＲＯＥ）に加えて、「次世代成長を実現する仕組み」（ＰＥＲ）が求められているのである。ＰＢＲ1倍ではなく2倍超え、すなわち、無形資産価値が有形資産価値を上回らない限り、持続的な成長は見込めない。

もっともＰＢＲの一人歩きは危険である。そもそも、Ｐすなわち株価は、未来のキャッシュフローを見込んだ将来価値であるのに対して、Ｂは会計上、資産計上された過去の数字である。極言すれば、ＰＢＲは、いい加減な未来を、いい加減な過去で割った数字にすぎない。

資本市場においても、ＰＢＲだけを見ていると、投資判断を誤る。ＰＢＲという見かけの数字の背後にある真の企業価値と株価のギャップを見極めることこそが、プロの投資家の腕の見せ所である。

とはいえ、ＰＢＲは簡単な数字であるだけに、1つの目安として割り切れば、役に立つ。

ＰＢＲ１倍は、株価が会計上の解散価値と等しいことを意味する。だとすれば、ＰＢＲ１倍以下はすでにゾンビ企業である。しかし、ＰＢＲ１倍を超えているからといって、安心している場合ではない。ゾンビ予備軍であることを、キモに銘じる必要がある。

「ＰＢＲ２倍超え」に向けて、無形価値をいかに将来価値に変換するかの知恵が求められているのである。

成長企業の法則

もちろん、ＰＢＲ２倍超え企業群も、少なくない。約３８００社の上場企業のうち、約１０００社が2倍を超えている（２０２３年3月末現在）。しかも、デジタルやバイオなどの成長産業や、新規技術やサービスを基軸とした新興企業だけでなく、成熟産業や伝統企業も名を連ねている。

筆者はかつて、『「失われた20年の勝ち組企業」１００社の成功法則』（ＰＨＰ研究所、２０１３年）という本を上梓した。ちょうど10年前、「失われた20年」という自嘲的な敗北感が蔓延していた時代である。

しかし、その20年間、見事に成長し続けた企業群が一握り存在する。売上高、利益、時価総額それぞれの成長率をベースにランキングした結果、日本電産（現ニデック）を筆頭に、１００位のシマノまでの１００社が抽出された。

さらにそれら１００社の成功を、現場力、経営変革力、収益獲得力（イノベーション力）、市場創造力（マーケティング力）の４つの要因に分けて分析。そのうえで、日本企業が次世代成長を実現するためには、現場力に加えて、収益獲得力と市場創造力の２つの成長エンジンを兼ね備えた「Xモデル」経営を実装すべきだと提唱した。このモデルを最近（２０２３年12月5日）、あらためて日本経済新聞の経済教室欄で紹介しているので、参照していただきたい（**図1**）。

その後、さらに対象を世界全体に広げ、21世紀に入っても成長を続けている1兆円以上の大企業トップ１００社をランキングしてみた。トップを飾ったアップルをはじめ、41社がアメリカ企業だ。

そこでも、日本企業が10社ランクインしていた。ファーストリテイリング、ダイキン、アステラス製薬、コマツ、アサヒグループ、キリン、ブリヂストン、デンソー、トヨタ、ホンダである。詳細は、『成長企業の法則』（ディスカヴァー・トゥエンティワン、２０１６年）を参照していただきたい。

図1 「守破離」に通じる次世代経営モデル

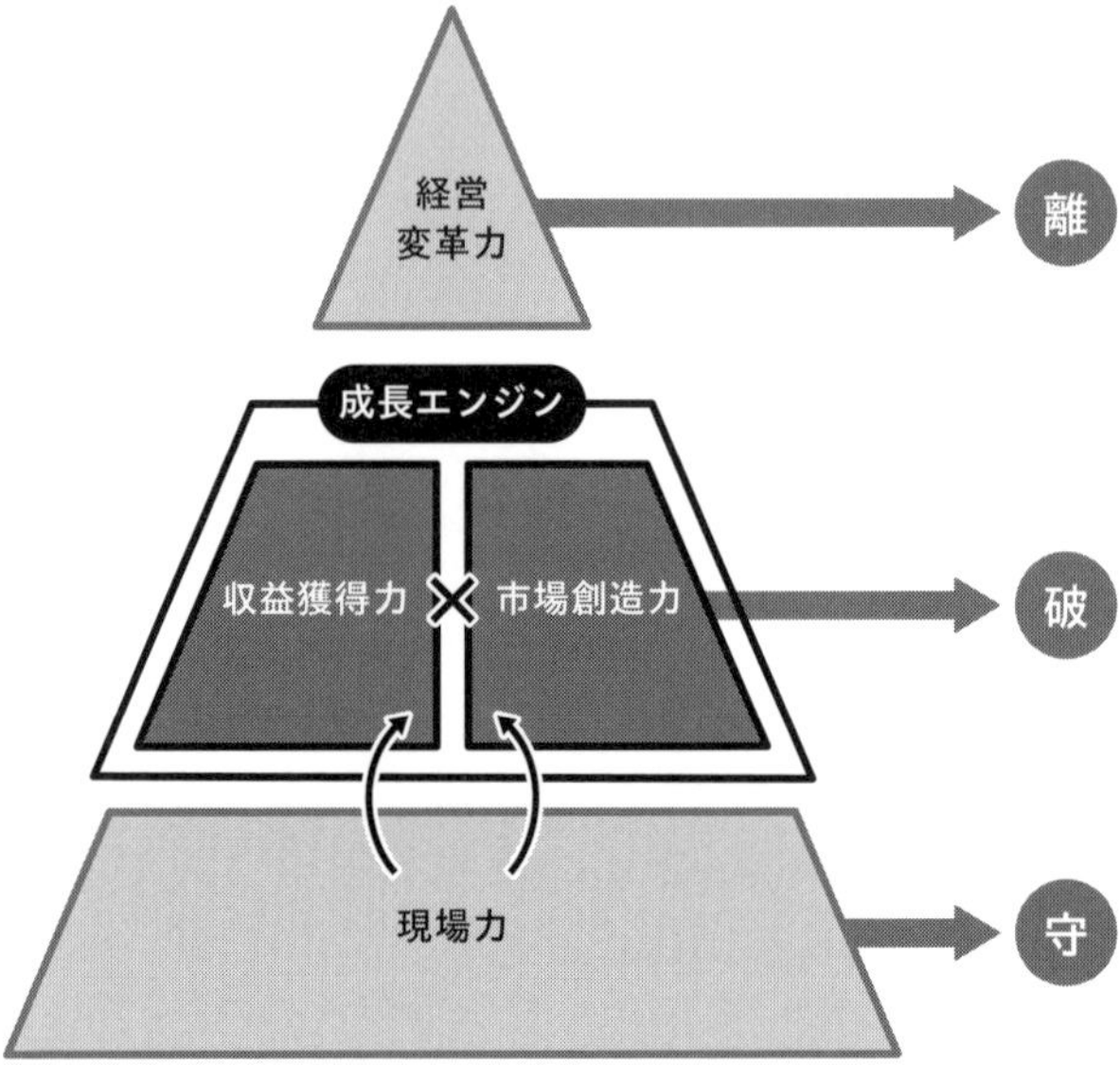

出所）名和高司『「失われた20年の勝ち組企業」100社の成功法則』（2013年）をもとに一部修正

超進化企業トップ50社

それから10年近く経っても、日本はいまだに「失われた（実は「失った」）30年」という沈滞ムードから脱しきれずにいる。成長できないのは自社だけではない、と言わんばかりだ。

しかし、そのようななかでも、一握りの成長企業が存在することを忘れてはならない。

そこで今回は、PBRという切り口から、企業を改めてランキングしてみた。PBRが高く出やすいITサービス企業、そして、1993年以降にスタート、または合併した30年未満の新興企業は対象外とした。

その結果、PBR2倍超えのトップ50社が抽出された（**表1**）。トップ10には、オリエンタルランド（1位）やサンリオ（2位）などのエンタメ企業、アドバンテスト（3位）や東京エレクトロン（8位）などの半導体関連企業、シスメックス（9位）などのヘルスケア企業が並ぶ。キーエンス（4位）、HOYA（5位）、ファーストリテイリング（7位）など、10年前からの常連企業も健在だ。一方で、オリンパス（6位）やスノーピーク（10位）のように、ここ10年の業態変革で大きく躍進した企業も顔を出している。

表1　超進化企業ランキング

1. 頭足（オクト）型

⑬● ベイシア(1959)	4.12 (ワークマン 1982)
⑳● トリドール(1995)	3.39
㉓● 島津製作所(1875)	3.21
㉗● ロイヤル(1950)	2.91
㊲● すかいらーく(1962)	2.56
㊹● オムロン(1933)	2.29

＊二天（ムサシ）型

● YKK(1934)	NA
⑤● HOYA(1941)	6.37
㉟● シマノ(1921)	2.61
㊷● 信越化学(1926)	2.30
㊻● ヤマハ(1887)	2.20

2. 軸旋回（ピボット）型

⑥● オリンパス(1919)	5.75
⑫● ユニ・チャーム(1961)	4.67
㉑● ダイキン(1924)	3.29
㉚● 任天堂(1889)	2.76
㊸● 村田製作所(1944)	2.29
㊺● SCREEN(1868)	2.28

3. 異結合（クロス）型

㉒● 味の素(1909)	3.25
㊴● 花王(1887)	2.48

4. 脱構築（デコン）型

● 中川政七商店(1716)	NA
②● サンリオ(1960)	9.93
⑩● スノーピーク(1958)	5.07
⑰● リクルート(1960)	3.50
⑳● ロート製薬(1899)	3.34

5. 深耕（カルト）型

● 竹中工務店(1610)	NA
①● オリエンタルランド(1960)	10.44
③● アドバンテスト(1954)	7.68
④● キーエンス(1974)	6.77
⑦● ファーストリテイリング(1946)	5.51
⑧● 東京エレクトロン(1963)	5.33
⑨● シスメックス(1968)	5.19
⑪● 安川電機(1915)	4.94
⑭● 中外製薬(1925)	3.96
⑮● 資生堂(1872)	3.93
⑯● アシックス(1949)	3.67
⑱● キッコーマン(1917)	3.48
⑲● ヤクルト(1935)	3.35
㉔● 吉野家(1899)	3.16
㉕● ピジョン(1957)	3.10
㉖● コナミ(1969)	3.01
㉘● エーザイ(1941)	2.88
㉙● ファナック(1972)	2.78
㉛● 日清食品(1958)	2.70
㉜● ウエルシア(1974)	2.67
㉝● ニデック(1973)	2.66
㉞● テルモ(1921)	2.63
㊱● ニトリ(1967)	2.54
㊳● コスモス薬品(1983)	2.48
㊵● SG ホールディングス(1957)	2.36
㊶● すかいらーく(1962)	2.36
㊼● くら寿司(1977)	2.22
㊽● カゴメ(1899)	2.17
㊾● ポーラ(1929)	2.17
㊿● マツモトキヨシ(1932)	2.05

注）PBR（2023.3.20現在）、░ ＝創業100年超企業
出所）筆者作成

興味深いのは、トップ50社中18社（つまり3社中1社）が100年を超える長寿企業だということだ。1872年創業の資生堂（15位）は150周年を、1887年生まれの花王（39位）は135周年を、それぞれ2022年に迎えている。

そしてその前後には、1868年生まれのSCREEN（45位）、1875年生まれの島津製作所（23位）や1889年生まれの任天堂（30位）などが名を連ねている。いずれも歴史の都・京都が誇る老舗企業である。

これらの企業は、「寿命30年」の壁を越えて、進化している。この通説が正しいとすれば、100年以上続く長寿企業は、3回以上、進化を繰り返してきた勘定になる。「失われた（失った）30年」を嘆いているだけでは、ゾンビ企業への道を確実に転がり落ちていく。闇雲にあがいてみたところで、これまで同様、「失ったX年」を重ね続けるだけだ。成長へと大きく方向転換するためには、これらの企業から進化の法則を学ぶ必要がありそうだ。

「頭足（オクト）」型――多角化の功罪と新陳代謝

これらの企業の進化の法則をつぶさに見ていくと、いくつかの類型に分けることができる。本書では、5つの「型」に分類してみたい。頭足（オクト）型、軸旋回（ピボット）型、異結合（クロス）型、脱構築（デコン）型、深耕（カルト）型の5つである（**図2**）。

一つ目が頭足型、英語でいうと「オクト」型だ。タコに代表される頭足類のイメージで、一言で言えば多角化した企業群である。

かつて、多角化は成長の定石であり、かつ、業績変動リスク耐性も高いとされてきた。しかし、流動性の高い昨今の資本市場においては、「コングロマリット・ディスカウント」の対象となりやすい。事業間にシナジーがなく、経営の勘所が異なる事業をむやみに抱え込むと、経営の管理スパンを大きく超えてしまうからだ。

今回のリストにも、総合化学企業、総合電機企業、そして総合商社などは1つも顔を出していない。それらの「総合XX会社」のPBRはいずれも2倍未満、しかもその過半数が1倍以下に低迷している。

資本市場からは、分社化の圧力を顔面に受けることになる。たとえば、セブン&アイ・ホールディングスがアクティビストから、コンビニ事業とGMS事業の分社化を執拗に迫られたことは、記憶に新しい。

頭足型で進化し続けるためには、足の数を増やすだけでなく、減らす努力も必要となる。適切な新陳代謝を実践できる企業だけが、オクト型でも進化し続けることができ

図2　進化経営マンダラ

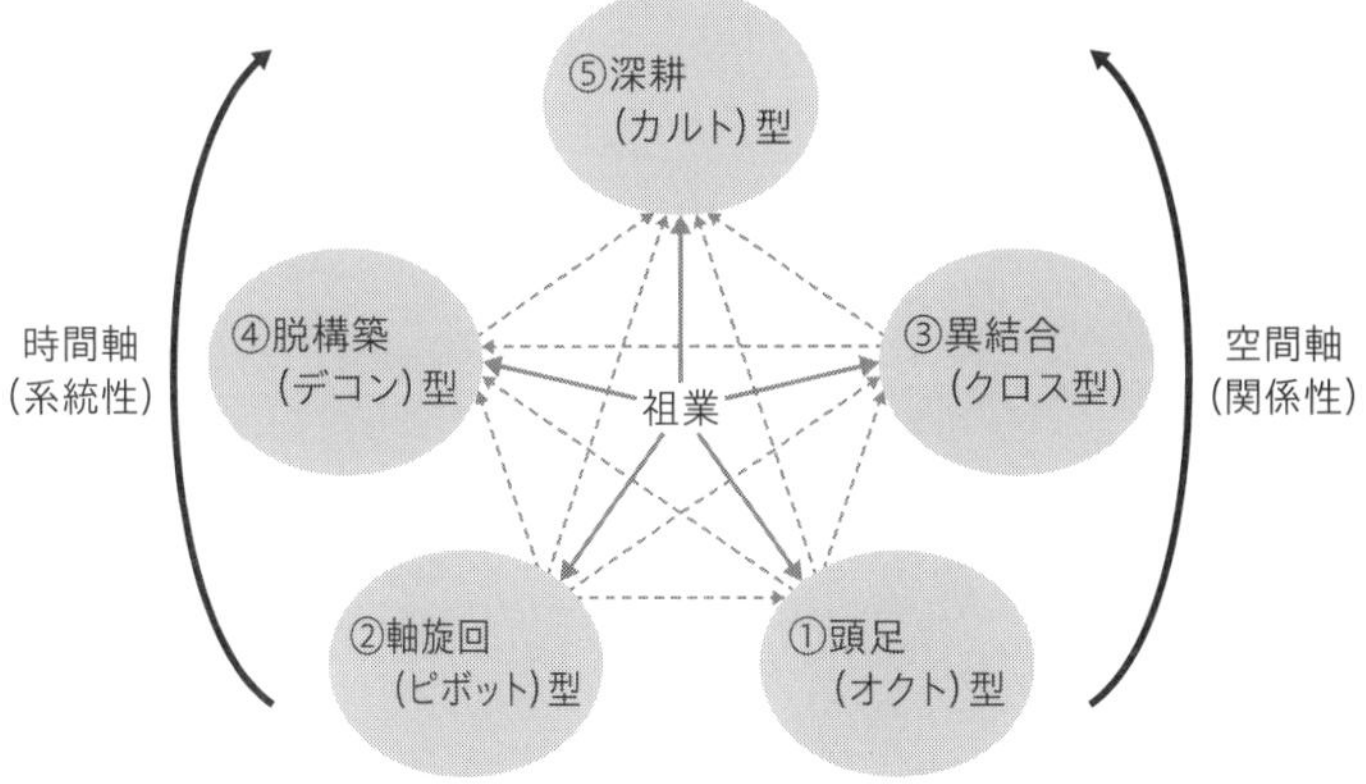

出所）筆者作成

きる。

トップ50社のなかでは、6社がこの型に分類される。「ハリネズミ経営」を標榜するベイシアグループは、その代表例だ。同グループで唯一の上場会社のワークマンは快進撃を続けており、今回のPBRランキングでも13位につけている。

なお、頭足型の変形として、「二天（ムサシ）型」がある。二刀流の剣士・宮本武蔵が、『五輪書』のなかで説いた二天一流に由来する型である。オクト型のような多足ではなく、2本足でしっかりと地を踏みしめながら、水、火、風、天との共進化を目指す。

ここでは4社がランクインしている。

代表例は、信越化学（42位）。塩ビといういわばコモディティ製品と、シリコンという先端製品それぞれにおいて、世界トップシェアを誇る。「頭足（オクト）型」に走りやすい化学産業において、集中と選択のメリハリが利いた特異な存在だ。

「軸旋回（ピボット）」型——ずらしの達人

頭足（オクト）型が空間軸上の広がりを目指すものであるのに対して、時間軸上の進化を目指すのが「軸旋回（ピボット）型」だ。環境変化と自らの成長に合わせて、本業そのものを巧みにずらしていく。

たとえば、ユニ・チャーム（12位）。1961年に、建材メーカーとして愛媛で創業し、翌々年には、生理用品事業に参入。その後、いったんサービス事業やリゾート事業へと多角化を図ったものの、祖業の建材事業を含め、これらの事業を売却。不織布・吸収体の加工・成形技術を活かして、ベビーケア用品やヘルスケア用品など、関連事業分野を広げる一方、いち早くグローバルな市場展開を進めていった。

ユニ・チャーム社内では、これを「変化価値論」と呼ぶ。自ら変化し、自己成長につなげ、新価値を創造していく。まさに「ずらし」の奥義と言えよう。

ダイキン（21位）も、歴史を紐解くと、典型的なピボット企業であることがわかる。創業は1924年、今年100年企業群に仲間入りする。

創業時の社名は「大阪金属工業所」。そう、今の「ダイキン」という社名の由来である。当初は、飛行機用のラジエーターチューブを製造していた。その後、冷媒の研究と冷房機器の製造に着手、戦時中は潜水艦の冷房装置を手掛けた。

戦後の1951年には、日本初のエアコン開発に成功。その後、エアコンまわりに集中、「空気で答えを出す会社」としてブレずに進化し続けている。

ずらすがブレない。軸足をブラさずに、新しい可能性に向けて自らを大きくずらしていく。これこそが、バスケットボールでおなじみの「ピボット」の本質である。

ここが、「両利きの経営」との決定的な違いでもある。「両利き」などという聞き心地のよい安直な型にはまってしまった企業は、進化どころか自滅の道をたどっている。日本ではこの点を勘違いしている経営者が少なくないので、後で詳述することとしたい。

今回のランキングには、軸旋回（ピボット）型企業として6社がランクインしている。ダイキン、オリンパス（6位）、任天堂（30位）、SCREEN（45位）は、いずれも100年を超える長寿企業である。

本書のテーマである「進化」を目指すうえで、多くの企業にとって参考になる型だといってよいだろう。

「異結合（クロス）」型――イノベーションの実験場

頭足型を時間軸上で進化させたものが、「異結合（クロス）」型である。異質な事業をポートフォリオとして持っているだけでは、ディスカウントの対象になることは前述した通りだ。それに対して、異結合型は、これらの異質な事業を掛け合わせる（クロス）ことで、新たな価値を創出することを目指している。

異端の経済学者ヨーゼフ・シュンペーターは、「新結合」がイノベーションを生み出すと喝破した。その本質は、異質な知恵を編集することなので、筆者は「異結合」と読み替えている。詳細は、拙著『資本主義の先を予言した　史上最高の経済学者シュンペーター』（日経BP、2022年）を参照していただきたい。

異結合型は、自社の中で異結合を誘発させるイノベーション企業である。日本では、技術シーズを組み合わせる技術先行型のイノベーションの名手が光る。

たとえば、味の素（22位）。同社は、食品事業とアミノサイエンス事業という2本柱によって構成されている。一見すると、「二天（ムサシ）型」のようだ。しかし2つの点で大きく異なっている。

第一に、いずれの事業も実は同じコア技術に立脚している点だ。それは「アミノサイエンス」というバイオ技術である。味の素といえば「うま味」という第5の味覚を世界で初めて発見した企業として知られるが、「うま味」はアミノ酸の一種であるグルタミン酸から生み出される。

食品事業は、アミノ酸の力を食品加工に応用していったのである。一方、それを医薬品や電材分野などに応用していった結果、アミノサイエンス事業が育っていったのである。

第二に、2030年に向けて、これらの2つの事業を異結合させることで、ウェルネス、ヘルスケア、グリーンなどのイノベーションを生み出そうとしている。実現すれば、異結合による次世代企業へとさらなる進化が期待できる。

同様に、花王（39位）は大きく、日用品事業とケミカル事業から成り立っている。こちらも一見「二天（ムサシ）型」のようだが、根っこにあるのは界面化学をはじめとする化学まわりのコアテクノロジーである。

いかにも、技術立国日本らしい型のように見える。しかし、異結合型には大きく2

つの落とし穴がある。

1つ目は自前主義病に陥りがちな点だ。なまじ自社に強い技術を持っているため、それらを組み合わせて何とかしようとしてしまう。それでは、応用の範囲は徐々に狭まっていく。

2つ目は、プロダクト・アウトになりがちな点だ。それでは、大きな市場創造（マーケット・アウト）には結びつかない。新しい製品やサービスを生み出す実験場とはなっても、それを市場でマネタイズし、大きくスケールさせる力がない限り、PBR2倍超えはおぼつかない。

今回のランキングでも、「異結合型」は前述の2社だけにとどまり、5つの類型のなかでもっとも少ない。そしてこれら2社にとっても、スケール化は最大のチャレンジとなっている。この点も、後でじっくり検討することとしたい。

「脱構築（デコン）」型——若返りの名手

進化の4つ目の型が「脱構築」である。ジャック・デリダやジル・ドゥルーズらポストモダン哲学者が説く「デコンストラクシオン」にちなんで、「デコン」型と呼ぶ。

経営学の世界では、クレイトン・クリステンセン教授が「破壊的イノベーション」論を提唱。VUCA時代を迎えて、ますます注目が集まっている。同教授は、「イノベーションのジレンマ」を超えるには、「自己破壊（セルフ・ディスラプション）」を仕掛ける以外ないと説く。

生命の世界における「突然変異」に近い考え方だ。非連続な進化を目指すという意味では、もっとも華々しく見える。

しかし、遺伝子の世界において、突然変異の発生率は、10万分の1から100万分の1と言われている。放射線や化学物質によって人工的にその確率を高めることはできるが、進化という正の変化より、負の変化をもたらす可能性が高い。

生命に例を取るならば、むしろ「メタモルフォーゼ（変態）」を目指さなければならない。卵から蛹《さなぎ》、そして蝶になっていく、あるいは、おたまじゃくし、そしてカエルに育っていくプロセスである。

言い換えれば、自己破壊とは真逆で、内側に織り込まれている可能性を自らの力で紡ぎだしていくプロセスこそが、脱構築の本質ではないだろうか。

そのような「変態」企業の代表例が、リクルート（17位）だ。求人広告事業からスタートし、各種のマッチング事業、そして人財事業へと、時代を先取りして進化し続けてきた。

その原動力となっているのが、創業者である江副浩正氏が残した「自ら機会を作り、機会によって自らを変えよ」という社訓だ。それはリクルートのDNAとなって、創業60年を過ぎた今なお、同社を進化させ続けている。

リクルート以外にも、見事な脱構築型進化を遂げた戦後企業がある。たとえば、サンリオ（2位）とスノーピーク（10位）。前者は山梨県の物産店、後者は新潟県の金物問屋が祖業だったことは、今のオシャレな業態からは、まったく想像できない。

一方、老舗企業のなかにも、脱構築型企業を見つけることができる。

たとえば中川政七商店。非上場であるため、今回のランキングには入っていないが、大きく脱構築の進化を遂げた企業である。

1716年に創業して以来、長らく晒《さらし》問屋を営んできたが、200年後には晒の製造卸に進化。そして300年後の現在は、生活雑貨工芸品の製造小売業として、大きく業容を拡大している。

あるいは、ロート製薬（20位）。1899年の創業以来、胃腸薬や目薬などの一般用（OTC）医薬品を手掛けてきた。100周年目の1999年に4代目の山田邦雄氏（現会長）が社長に就任して以来、スキンケアや健康食品事業などに進出し、業容を大

き く広げている。

これらの企業は、ゾンビ化しやすい他の長寿企業とは真逆に、若返りの名手である。人間だけでなく企業も、アンチエイジングの技を、しっかり身につける必要がある。

「深耕（カルト）」型——足もとに泉湧く

さて、5つ目の型が「深耕」型だ。英語でいえば「カルチベート」、略して「カルト」型と呼ぶ。

なお、「カルト」という語には、別の意味がある。最近は、オウム真理教など、過激で犯罪的な集団を指すことが多い。しかし本来は、「Cultus（崇拝する）」というラテン語を語源とする「宗教団体」を意味する言葉である。そしてカルト型は、まさにカルト団体のような集団である。

このタイプの企業は、周りにある多種多様な機会には目もくれず、一意専心で自分の足元を掘り続ける。一見、同じところにとどまり続けているようだ。しかし、あきらめずに掘り下げていくと、いずれ大きな地下鉱脈にたどり着き、宝が無尽蔵に湧き上がってくる。

哲学者ニーチェは、『悦ばしき知識』（1882年）のなかで、「汝の足元を掘れ。そこに泉湧く」という名言を残している。進化のカギは、外部の表層ではなく、内部の深層にあるという教えである。

ニデック（33位）の創業者・永守重信会長は、「井戸掘り経営」と呼び、永守三大経営手法の筆頭に掲げている。ちなみに、残りの2つは「家計簿経営」と「千切り経営」だ。詳細は、拙著『稲盛と永守』（日本経済新聞出版、2021年）を参照していただきたい。

ニデックは、モーター技術をひたすら深化させることによって、HDD（ハードディスクドライブ）からEV用駆動システムまで、事業を進化させてきている。創業50年周年を迎えた2023年には、2兆円を超える大企業へと成長を遂げてきた。

今回のランキングでも、50社中29社が深耕型企業である。しかも、オリエンタルランド（1位）からシスメックス（9位）まで、トップ10社中6社がこの型に属している。資生堂（15位）やテルモ（34位）など、100年超の老舗企業も名を連ねていることも見逃せない。極めつきは竹中工務店である。1610年に創業した400年超の最古参企業である。

非上場のためランク外ではあるものの、神社仏閣の造営という祖業以来、自分たちが手掛ける建築物を「作品」と呼び続けている。この「作品主義」と「棟梁精神」にこだわり、「想いをかたちに、未来へつなぐ」という同社のパーパスを貫き続けている。スーパーゼネコン5社の中でも、きわめてエッジの立った存在である。

「深化」が「進化」につながるというのは、逆説的に聞こえるかもしれない。しかし、これこそ、他の型を大きく引き離す進化経営の「定石中の定石」である。そして、すべての企業が真の進化を目指すうえで、最も拠り所となる教えとなるはずである。

進化型の進化

以上、進化の型を5つに分類して示した。前述した通り、筆者は、『日経ビジネス』の特集のなかで、成功の法則として4類型を紹介した。その後、1年半経って、これらの類型そのものが、3つの進化を見せている。

まず、一つ目の「頭足（オクト）」型の亜流として「二天（ムサシ）」型を加えている。野放図な多角化は、いずれ衰退に向かう。広げすぎたポートフォリオの取捨選択がカギを握る。8本足を2本足に整理できた企業は、今後も新陳代謝を進めやすくなる。その意味では、亜流というより頭足型の進化形と呼んだ方が正確だろう。

次に4つ目の呼称を、「ヤドカリ」型から「脱構築(デコン)」型に進化させた。ヤドカリだと、殻(外形)を変えるだけで、中身(本体)は変わらない。真の進化は、内部から生まれ、内部そのものを組み替えてしまう必要がある。そこで問われるのは「変身」力(見かけを変える力)ではなく、「変態」力(中身を変える力)なのである。

さらに、5つ目の「深耕(カルト)」型を新たに加えた。一見、同じところにとどまっているようなので、最初は取り上げていなかったが、これこそが、進化の最も優れた型であることに気づかされたからだ。「深化こそが進化を生む」という逆説にたどり着いたのは、まさに思考プロセスの「深耕」の賜物と言えよう。

類型に加えて、それぞれの企業事例も、大半を入れ替えることとなった。今回、新たにPBR2倍超えという縛りを入れることによって、『日経ビジネス』の特集で取り上げた企業のうち、リクルート、味の素、キッコーマンの3社以外は、ランキングから外れてしまった。

キッコーマンも、当初は「軸旋回(ピボット)」型に分類していたが、今回は「深耕(カルト)型」を新たに加えたことで、こちらに入れることにした。祖業の醤油は今なお主軸の事業であり、食品や飲料などの周辺事業も、醤油を深掘りすることから派生していったからである。

今回ランキング外となった企業のＰＢＲは、いずれも1倍を大きく割っていた。旭化成などは、多角化を通じて見事に進化してきた「頭足（オクトパス）」企業であるだけに、この結果は大変残念である。

逆に言えば、「割安株」だといえるかもしれない。すでに2倍超えを達成している企業より、伸び代は十分あるからだ。ウォーレン・バフェットが、総合商社株を「バーゲン価格」だと評価して大量に買ったように。

そのためには、スケールする力と、新陳代謝を行う規律を、資本市場に証明していくことがカギになる。これは、ＰＢＲ１倍割れの多くの日本企業もキモに銘じる必要がありそうだ。

ゆらぎ・つなぎ・ずらし

本章を締めくくるうえで、再度、生命の進化に立ち返ってみたい。

かつてダーウィンは、進化を弱肉強食の生存競争として捉えた。自然淘汰説である。

しかし、最近の進化生物学によれば、生物は「ゆらぎ・つなぎ・ずらし」というリズムを通じて、進化していくという。複雑系科学者のスチュアート・カウフマンや、生命科学者の清水博が唱える自己組織化プロセスである。

つまり、1つの「型」に固定してしまうと、進化の本質を見逃すことになる。分子生物学者の福岡伸一は、「世界は分けてもわからない」と同名の書籍（講談社現代新書、2009年）のなかで論じる。生命は動的平衡のなかで、常に変化し続けているからである。

ここでは便宜上、企業の進化の型を5つに分類している。しかし、これらは固定的なものでは決してない。むしろ「仮の姿」にすぎないと言った方が正しいだろう。

そもそも、各社をどの型に分類するかが大いに悩ましい。創業の時点では、一意専心の「深耕型」としてスタートする。そうでなければ、生存の基盤そのものが脆弱になるからだ。

しかし、その後は、いろいろな進化の過程をたどる。多角化によって「二天（ムサシ）型」、さらには「頭足（オプト）型」に膨張することもあれば、そこから新陳代謝を経て「二天（ムサシ）型」にスリム化していくケースもある。

さらに傘下の事業群を有機的に組み合わせることができれば、「異結合（クロス）型」に移行することが可能になる。ポートフォリオ経営からイノベーション経営への進化である。

あるいは、深耕の方向を「ずらす」ことで、「軸旋回（ピボット）」型に進化することができる。しかし、ピボットした後は、新しい業態において再度「深耕（カルト）」型に戻らなければ、次の進化の足場を築くことはできない。

もっともドラマチックな進化に見える「脱構築（デコン）型」ですら、自己破壊からはもたらされない。むしろ、自らの内部に潜在的に織り込まれた可能性を引き出すことによって、大きく変態（メタモルフォーゼ）していくことができるのである。それは「軸旋回（ピボット）型」や「異結合（クロス）型」などの技の応用編だと言ってもいいだろう。そして脱構築した後には、再度「深耕（カルト）型」のプロセスを始動させなければならない。

この「ゆらぎ・つなぎ・ずらし」のリズムこそが、持続的な進化の本質であることを、忘れてはならない。そのうえで、以下の章では、5つの進化の類型を、1つずつ分節して詳述していくこととしたい。それによって、それぞれのプロセスにおいて、進化の力学がもたらす動的平衡運動を、解像度を上げて理解することができるはずだ。

第1章 頭足（オクト）型

多角化の功罪と新陳代謝

オクト（頭足）とは？

頭足類とは、足がたくさん分かれている軟体動物を指す。絶滅したアンモナイトや「生きている化石」と呼ばれるオウムガイなどが、古生代カンブリア紀には繁殖していた。今も元気な頭足類の代表といえばタコ、すなわちオクトパスだ。

本書では、多角化企業群を指す（**図3**）。かつては、企業進化の典型的な姿の1つだった。

生物同様、1つひとつの事業には、寿命がつきものだ。経営学において、「プロダクト・ライフ・サイクル」と呼ばれる現象である。1つの事業を命がけでやっていても、いずれ命は尽きてしまう。序章で紹介した「企業の寿命30年」の壁である。

それでは、企業としては立ち行かない。顧客も社員も、捨て置かれてしまうからだ。企業は「ゴーイング・コンサーン」（永続組織体）として、社会的な責務を果たし続けなければならない。

一方で、既存事業で培った資産を隣接領域に「ずらす」ことで、新たな事業機会へと進出することができることにも気づく。そして事実、ほとんどの企業が、この拡大志向の誘惑にとりつかれる。

このようにリスク回避と機会獲得の両面から、多くの企業が多角化に走る。それによって、個々の事業の栄枯盛衰の波を乗り越えて、持続的に発展しようとする。特に、市場が右肩上がりの時代には、「規律なき多角化」に走る企業が続出した。

その結果、「総合XX企業」が跋扈することになる。総合化学企業、総合電機企業、総合商社、総合金融機関、総合小売業などが、その典型である。

しかし、恐竜がカンブリア紀末期に絶滅したように、これらマンモス企業も、絶滅危惧種になりつつある。事実、本書のトップ50社リストには、これらの企業の名前は1つもない。

図3　①頭足（オクト）型

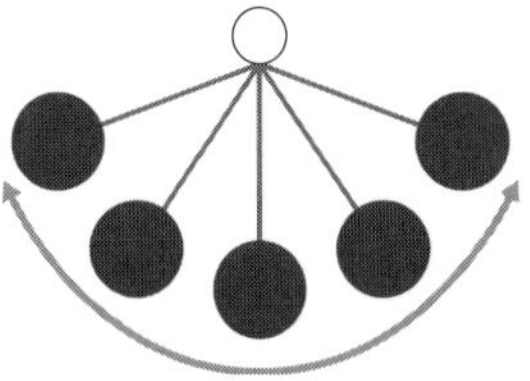

出所）筆者作成

本来、多角化によって、リスクを分散させることができるはずだ。それが「ポートフォリオ」経営の利点と言われてきた。しかし、まさにその「ポートフォリオ」経営という発想そのものが、今や資本市場からはノーを突き付けられているのである。なぜだろうか。

ディスカウントかプレミアムか

そもそもポートフォリオは、投資の資産構成を意味する。そして、本来は投資家が投資先を組み合わせることによって形成されるものである。企業自身が自社の制約のなかで事業ポートフォリオを組むより、投資家が主体的に投資先を組み合わせる方が、よりリスクを分散し、高いリターンが期待できる。

従来、日本企業の多くは、銀行からの融資や株の持ち合いを主軸としてきた。銀行や取引先にとっては、投融資先の企業が倒産しないように、多角化によってリスク分散することは大歓迎だった。

しかし、アクティブ運用に長けた投資家が台頭するにつれ、コングロマリット化した企業は嫌われるようになる。「コングロマリット・ディスカウント」と呼ばれる現象である。

資本市場が活性化していくと、コングロマリットは解体を迫られる。アメリカではGE、ダウ・デュポン、ジョンソン・エンド・ジョンソンなどの複合企業は、会社分割や事業分離（スピン・オフ）を余儀なくされた。日本でも東芝やセブン&アイグループなどが、資本市場からの攻勢にさらされたことは、記憶に新しい。

しかし多角化によって、企業価値を向上させている企業が、少なからず存在することも見逃せない。

代表的には、ＧＡＦＡに代表される巨大プラットフォーム企業だ。多様な産業をデジタル化し、さらにビッグデータを異結合させることによって、新しい価値を創出していく。残念ながら日本には、この手の巨大プラットフォーム競争に参加できる企業は皆無である。

日本では、事業領域をある程度絞り込んだうえで、複合経営を展開して企業価値を上げているケースは散見される。たとえば、かつて総合エレクトロニクス企業と呼ばれたソニーや日立製作所。前者は「クリエイティビティ×テクノロジー」、後者は「ルマーダ」というデジタル基盤をベースとして、生活や産業の融合を目論んでいる。

両社とも、10年前はコングロマリット・ディスカウントを浴びせられていたが、資本市場でも評価が高まり、今では、コングロマリット・プレミアムを享受し始めている。しかし、いずれも、ＰＢＲは本書の調査時点（２０２３年3月末）で2倍を大きく超えるまでには至っておらず、残念ながら今回のトップ50社ランキングには入ってきていない。逆に、おやっと思うような企業がランキングに入っている。島津製作所（23位）。２０２５年に創立１５０周年を迎える老舗企業だ。

島津製作所

京都には、任天堂や、後述するSCREENホールディングスなど、100年を優に超える老舗企業が軒を連ねている。また戦後組のなかにも、京セラ、村田製作所、ニデックなど売上高2兆円を超える超大手企業が存在する。

そのなかで、島津製作所は売上高こそ5000億円に届かないものの、PBRでは、2022年3月末時点で、他の京都企業を抑えてトップに立っている。

同社は、長らくX線検査装置のパイオニアとして知られてきた。また2002年には、田中耕一氏(現エグゼクティブ・リサーチフェロー)が、ソフトレーザーによる質量分析技術の開発によりノーベル化学賞を受賞して、その名が知れ渡った。その後も、3・11後の食品に含まれる放射能の高速スクリーニング検査装置や、コロナ禍での全自動PCR検査装置の開発などで、ほぼ10年ごとに、繰り返し注目を集めている。

同社は、分析計測機器、産業機器、医用機器、航空機器など幅広い事業を展開している。その現状を見ると、八足(オクト)ならぬ四足(クワッド)型の多角化企業だ。しかし、それはいわゆるポートフォリオ型のコングロマリットとは以下の三点で大きく異なる。

第一に、いずれもコアとなる資産が同根である点。同社は、分析技術、計測技術、X線技術、真空技術などの分野における独自技術を駆使して、高度な「質量分解能」を実現している。応用技術の領域が広がっても、この基軸がまったくブレていないところに、同社の本質的な強みがある。

第二に環境変化に合わせて、事業領域を柔軟に再編集し続けている点。今後も、このコアコンピタンスを基軸に、AIやバイオなどの先端技術を取り込んで、ヘルスケア、グリーン、次世代素材・産業などの新分野に、事業領域を進化させ続けていくことを目指している。

第三に、増やすだけでなく、「削る」ことも断行していること。たとえば、同社が日本で初めて鉛蓄電池を開発したことは、あまり知られていない。その後、本体からスピンアウトされ、ジーエス・ユアサコーポレーションとして進化を続け、世界で初めて電気自動車用リチウムイオンバッテリーの量産化を果たした。ちなみに「GS」は、創業者と2代目社長の島津源蔵（同名）のイニシャルを冠したものである。

源遠流長

島津製作所のこだわりは、同社のパーパスに明確に示されている。

島津家は、京都の老舗らしく仏具製造を家業としていた。維新の大激動期の明治8年（1875年）、初代島津源蔵は、科学で未来を拓くという志に燃えて、理化学器械製造を始めた。島津製作所の誕生である。以来150年間、「科学技術で社会に貢献する」という社是を、大切にし続けている。その社是は、最近では、「Excellence in Science」というブランドステートメントに凝縮されている。

そして120周年を前にした1992年には、「人と地球の健康への願いを実現する」を経営理念として掲げた。今でこそ、世界中で喧伝されているSDGsの本質を、20年以上前から標榜しているのである。

さらに30年後の2022年4月、コロナ禍の真っただ中で13代目の社長に就任した山本靖則氏は、「共感あふれる社会を実現する」を経営理念として提唱している。そして、2023年3月には、創業150周年に向けて、「世界のパートナーと共に、プラネタリーヘルスを追求し続けます」と宣言。同社のパーパスは、時代を先取りして、進化し続けているのである。

京都の木屋町二条には、島津製作所創業記念資料館がひっそりとたたずむ。島津製作所が１９７５年に創業１００周年を記念して、創業者の初代島津源蔵を偲んで開設したものだ。南棟と北棟からなり、創業初期に島津の住居・店舗・工場として使われていた建物を保存・公開している。南棟・北棟ともに国の登録有形文化財である。

この建物の入り口には、「源遠流長」という石碑が立っている。「はるかかなたの源流から川が遠くまで流れてくるように長い時間をかけて発展する」という意味の中国の故事成語だ。明治の政治家・九鬼隆一男爵が、かつて島津家の系譜の冒頭に揮毫した四文字を拡大して刻んだものだという。ちなみに、『「いき」の構造』で有名な哲学者・九鬼周造は、九鬼隆一の四男である。京都大学で哲学を教えていた九鬼周造が、この石碑のたたずむ「いき」な高瀬川界隈を歩いていたかと思うと、不思議な因縁を感じる。

和製エジソン

２０２３年6月に同社ＤＸ戦略ユニットの中村尚行さんのご紹介で、この資料館をじっくり見学する機会があった。創業者の島津源蔵親子の住居というだけあって、明治中期の「町屋」のたたずまいが味わい深い。桜や鴨川をモチーフとしたステンドグラスが、京都らしい近代を、さりげなく演出している。

館内は5つの展示室に分かれており、創業期の教育用理化学器械や大正時代のレントゲン装置などが並べられている。まさにタイムマシーンで旅するように、島津の歴史、そして京都、ひいては日本の近代化の歩みをたどることができる。

第3展示室では、意外なものに出合う。「島津マネキン」だ。そう、あの人間の形をしたマネキンである。

島津は日本で初めて洋装マネキンを開発。全盛期の1937年には、日本の生産量の85%以上を占めていたという。島津とマネキンというのは、珍妙な組み合わせに見えるが、ここにも島津ならではのストーリーが潜んでいる。

2代目の島津源蔵は、人体の探求にも関心を広げていった。そのなかから生まれたのが、人体模型である。そういえば、展覧棚を挟んで反対側には、人体模型も並んでいる。

そこで採用されたのが、「島津ファイバー」だ。軽くて発色が良く、水にも強いということで特許も取得している。そして多くのパーツに分解できる人体模型を完成させたのだ。

こうして、マネキンの一大メーカーとなったものの、戦時色の深まりとともにマネキンの生産と販売は中止。戦後も再開されることはなく、ゆかりがあった京都の会社に事業が引き継がれたという。マネキンの中心地とも言える京都の源流は、島津製作所にあった。まさに源遠流長の一幕である。

他にも、意外な発明品が少なくない。たとえば、1913年に製造されたという扇風機。強・中・弱・切の4段階の切り替えができ、台座は漆塗りの逸品だ。ただ、一般家庭にコンセントがまだあまりなかったこともあり、普及しなかったとのこと。ここにも、時代を先取りする精神が漲っている。

先述した蓄電池、マネキン、そして扇風機。いずれも2代目の島津源蔵の発明によるものだ。同氏は、生涯で178件の発明考案を生み出し、「日本のエジソン」として知られるようになった。島津製作所には、その発明王の血が脈々と流れているのである。

社会実装にこだわり抜く

「科学立国」という言葉は、今や色褪せた感が強い。しかし、島津製作所は、この日本が悲願としてきた志を、愚直に貫いてきた。そして、「Excellence in Science」という社是は、今や4割を超える海外社員にとっても、心のよりどころとなっている。

これこそが、日本ならではの勝ちパターンだったはずだ。自然科学分野でのノーベル賞の獲得数では、今世紀に入っても、日本はアメリカに次ぐ世界第2位。しかし、事業としてスケールさせる際には、欧米、さらには韓国、台湾、そして中国などのアジア諸国に大きく水を開けられてしまう。

「技術で勝って、ビジネスで負ける」という自虐的なセリフを耳にすることが多い。しかしビジネスとして負けたのでは、企業経営としては失格である。

100年前に、イノベーションを唱えたシュンペーターは、「0→1」は「発明（インベンション）」にすぎないという。社会実装（1→10）し、スケール化（10→100）して初めて「イノベーション」と呼べると唱えた。シュンペーターの直系ともいうべきピーター・ドラッカーもまた、イノベーションは技術革新ではなく、「市場創造」であると看破している。詳細は拙著『資本主義の先を予言した　史上最高の経済学者　シュンペーター』を参照していただきたい。

島津製作所は、0→1の「発明」ではなく、1→10の事業化にも徹底的にこだわり抜いた。同社の資料館には、2代目島津源蔵の訓語が額縁に入って掲げられている。題して「事業の邪魔になる人」だ。

【事業の邪魔になる人】

1 自己の責務に精進することが忠義である事を知らぬ人
2 共同一致の融和心なき人
3 長上の教へや他人の忠告を耳にとめぬ人
4 恩を受けても感謝する心のない人
5 自分のためのみを考え他への事を考えぬ人
6 金銭でなければ動かぬ人
7 艱難に堪えずして途中で屈伏する人
8 自分の行いに反省しない人
9 注意を怠り知識を磨かぬ人
10 熱心足らず実力なきに威張り外見を飾る人
11 夫婦睦まじく和合せぬ人
12 物事の軽重緩急の区別出来ぬ人
13 何事を行ふにも工夫をせぬ人
14 国家社会の犠牲となる心掛のない人

15　仕事を明日に延す人

昭和14年1月という年月が記されている。15項目にわたる教えは、いかにも昭和臭いと思われるだろうか。しかし、多くの日本企業は、この昭和的な美徳を忘れた結果、平成という「失われた30年」の衰退から、いまだに抜け出せないでもがいているのではないか。この原点を大切にする島津製作所は、そのような日本企業の迷走とは無縁である。

ワーク・イン・ライフ

事業化に徹底的にこだわるとはいうものの、島津源蔵はいわゆる「仕事の鬼」ではなかった。記念館には、「家庭を滅ぼす人」というもう一つの訓語が掲げられている。世の中にはほとんど知られていないので、これも紹介しておきたい。

【家庭を滅ぼす人】

1　自分の一家と国家との繋りを知らぬ人

2　両親及び兄姉を敬はず夫婦和合せぬ人

3　身分相応を忘れる人
4　毎日不平を言うて暮らす人
5　相互扶助を知らぬ人
6　嘘を言い我儘を平気でする人
7　不用の物を買ひたがり無駄事に多くの時間をつぶす人
8　夜ふかし朝寝をし実力を養成しない人
9　失敗したとき勇気を失ふ人
10　非礼なことを平気でする人
11　今日積む徳が明日の出世の因となることを知らぬ人
12　先輩を軽んじ後輩に親切を尽さぬ人
13　他人の悪口を言ひ争いを好む人
14　秩序を守らぬ人
15　今日一日の無事を感謝せぬ人

こちらの15項目も、昭和時代の古い説教臭さを感じるだろうか。しかし、このような人間としての基本的な倫理観を、私たちはどこかに置き忘れてきたのではないか。

平成時代には「ワーク・ライフ・バランス」を求める緩い風潮が蔓延した。しかし、そこでいうライフには、個人の身勝手な自由は織り込まれていても、社会人としての規律は顧みられることはなかった。こうして、日本では事業や産業が衰退していくだけでなく、生活や社会も荒んでいく一方だったのではなかったか。

島津では「ワーク・イン・ライフ」（仕事と生活の良循環）という思想が、創立当初より脈々と受け継がれてきた。だから150年を過ぎた今も、社員はプラネタリーヘルスの追求に働きがいを感じ続けているのである。このような日本古来の伝統的なワークエシックス（職業倫理）とライフエシックス（生活倫理）を再確立することが、進化企業の要諦だといえよう。

伝統と革新

京都は、この島津製作所を筆頭に、任天堂、京セラ、日本電産（現ニデック）、村田製作所、オムロン、ローム、堀場製作所、ワコールなど、数々の世界企業を生み出している。後述するSCREENも、その一つだ。拙著『稲盛と永守』の冒頭の一節を再掲しよう。

中京地区が自動車メーカーを中心とした巨大な城下町として粛々と発展してきたのに対して、京都ではそれぞれの企業が、思い思いの姿で百花繚乱に咲き誇っている。なぜだろうか？

堀場製作所の堀場厚会長の自著『京都の企業はなぜ独創的で業績がいいのか』（講談社、2011年）が、大変参考になる。京都企業の独自性は、室町時代から続く職人文化の4つの特徴に根差しているというのである。

人のマネをしない
目に見えないものを重視する
事業を一代で終わらせず、受け継いでいくという考え方
循環とバランスという考え方

さすがに、「棲み分け理論」で有名な京都学派の生態学者、今西錦司を生んだ土地柄である。

日本が「失われた30年」をさまよっている間、これらの京都企業は、それぞれ

独自の成長と進化を続けてきた。アメリカ型の資本主義の弊害から距離をおき、持続的な成長を実現してきた良質な京都企業は、我々が目指すべき次世代の経営のあり方を示している。

それぞれが独自性を大切にしつつ（①）も、生態系全体として群進化していく。匠の技や価値観などといった無形資産を重視（②）し、それを時代に合わせてずらし続けていくことで、持続的に成長し続けていく（③）。しかも「新陳代謝」を常に心がけることで、生命体としての循環とバランスを保ち続ける（④）。

規模の経済は追わず、ニッチな市場でのグローバルトップを狙う。中核資産（コアコンピタンス）を基軸に、多様な事業を展開するものの、自社がナチュラル・オーナーではないと判断すれば、撤退や売却もためらわない。島津製作所におけるマネキン、扇風機、蓄電池事業などは、その好例である。

その一方で、自社の中核事業には、徹底的にこだわり抜く。初代・源蔵がつくりあげた理化学器械は、現在「分析計測機器」などへとアップデートされ、島津製作所の事業の重要な一翼を担っている。

「伝統」を磨き、時代に合わせてそれを「革新」し続ける。これこそ、島津製作所に代表される京都企業の進化の本質である。

規定演技から自由演技へ

島津製作所は、以前より、社会への貢献と事業活動での貢献を、サステナビリティ経営の両輪として目指してきた。ハーバード・ビジネススクールのマイケル・ポーター教授が、２０１１年に提唱した「ＣＳＶ」そのものである。ＣＳＶとはCreating Shared Value（共通価値の創造）、すなわち、社会価値と経済価値の両立を目指すモデルである。詳細は拙著『ＣＳＶ経済戦略』（２０１５年、東洋経済新報社）を参照願いたい。

２０２３年５月に発表されたサステナビリティ憲章では、さらに島津製作所が目指す未来を、明確に掲げている（**図４**）。国連で合意されたＳＤＧｓを踏まえつつ、島津ならではの進化の方向性を、時間軸上に示している点が注目される。

頭足（オプト）型経営らしくＧＸ（環境変革）やＤＸ（デジタル変革）にも、幅広く目配りしている。その一方で、先端医療や予防医療、機能性食品の開発支援などといったＬＸ（ライフ・トランスフォーメーション：生命変革）を、同社ならでは超長期のパーパスに掲げている。フランスの思想家ジャック・アタリが「Economy of Life

図4　島津製作所のCSVマッピング

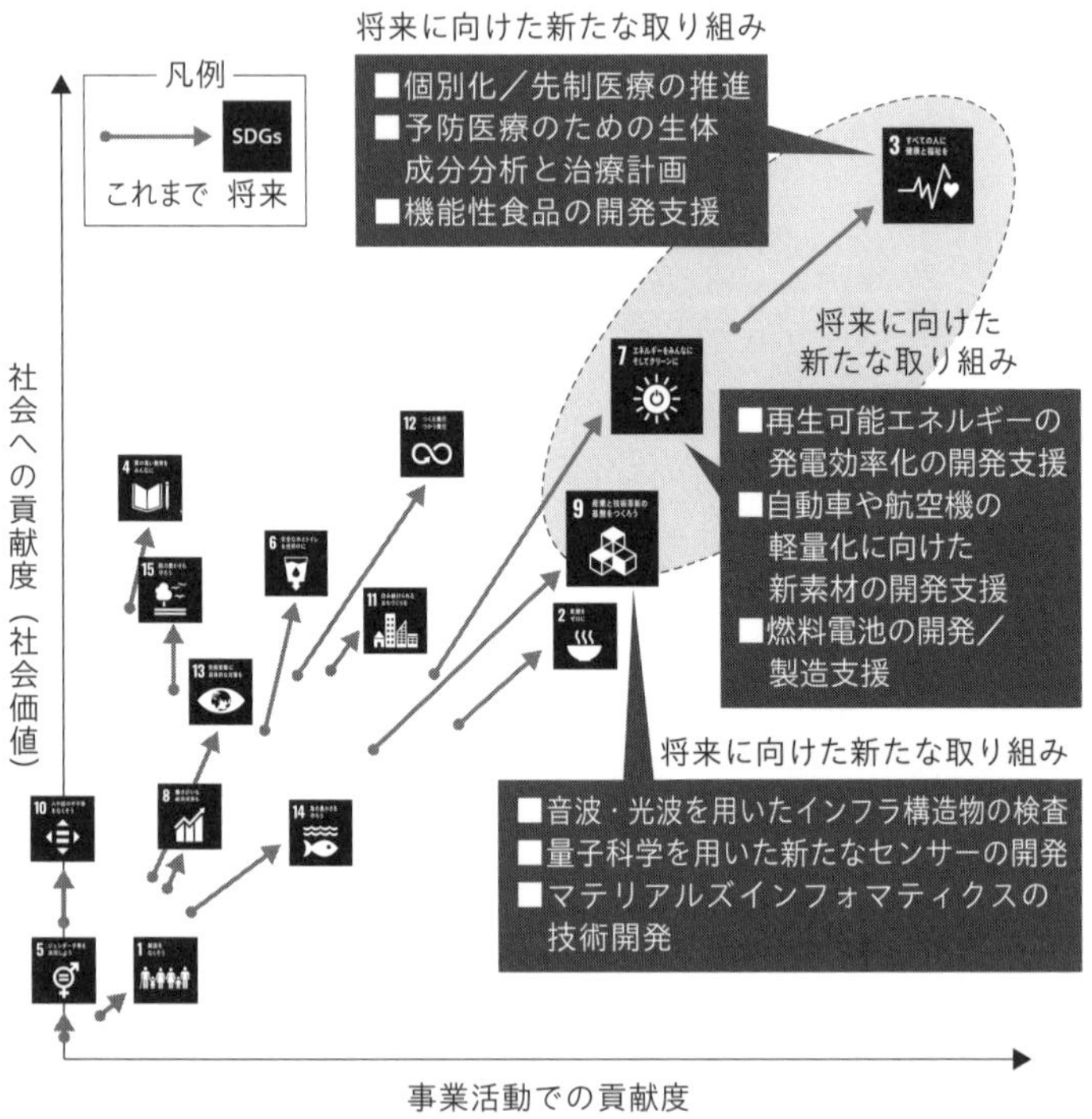

注）SDGsの目標16、17は、全体に関係するため除外しています
出所）島津製作所の資料をもとに筆者が一部加筆

（命の経済）」と呼んで注目され始めている未来である。

筆者はSDGsの17項目を、2030年までに達成すべき「規定演技」と呼んでいる。しかし、企業はさらに遠い未来に向けて、価値創造を続けていかなければならない。それを筆者は自由演技と呼んでいる。詳しくは、拙著『パーパス経営』（東洋経済新報社、2021年）を参照していただきたい。

島津製作所は、自社ならではの自由演技を高らかに掲げることで、創業200年に向けた次世代進化を加速させているのである。

二天（ムサシ）型への進化

ただし、野放図な多角化は、企業価値を棄損する。アメリカのように、投資家が自らポートフォリオを自由に組もうとすると、中途半端に事業を広げている銘柄は嫌われる。いわゆる「コングロマリット・ディスカウント」だ。

そこで複合企業は、会社分割を模索するようになる。2021年には、GEが3分割（ヘルスケア、電力、航空）、ジョンソン・エンド・ジョンソンが2分割（医療向け事業と消費者向け事業）することをそれぞれ発表している。日本でも、東芝の分割案が取りざたされたことは記憶に新しい。

　資本市場から会社分割を迫られる以前に、経営側が自らの判断で、広がりすぎたポートフォリオにきちんとメリハリをつけることが望ましい。そのような新陳代謝によって、多角化路線から訣別することで、異次元の進化ゾーンに入ることができる。

図5　①'二天（ムサシ）型

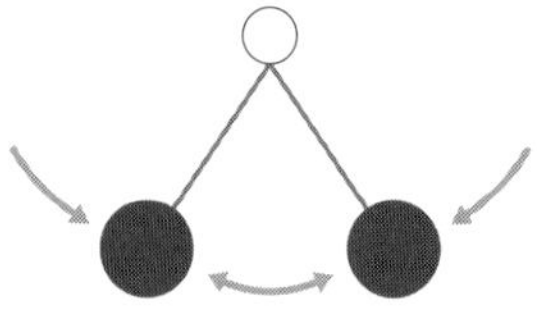

出所）筆者作成

　その典型例が、信越化学工業である。1926年（大正15年）に、長野県の豊かな水力が生み出す電力と、新潟県・親不知の大地から採れる石灰石を使って化学肥料と石灰窒素を生産する企業として誕生した。

　戦後は、化学事業に参入し、多角化を進める。ただし、他の総合化学会社とは異なり、自社の強みが生かせる分野に絞って、そこに徹底的に投資していった。

　その結果、大きく2つの事業群を持つ企業体として進化していく。オールドエコノミーの代表ともいえる塩ビ事業と、成長性の高い半導体用シリコン事業である。いずれも世界シェアトップ、高い収益性を誇っている。ＰＢＲも2倍を大きく超え、化学メーカーとしては唯一、ランクインしている（42位）。

頭足型のなかでも、信越化学工業のように、野放図な多角化に背を向け、規律の利いた二刀流へと進化していく企業群を、二天一流を編み出した宮本武蔵にちなんで「二天型」と呼ぶことにしよう。バランスが取れ、かつ切れ味がいいのが特徴だ（**図5**）。

今回ランクインしているなかでは、シマノ（35位）も好例だ。堺の鍛冶屋をルーツに持つ同社は、1921年創業の老舗である。ある時期、ゴルフ用品やスノーボード用品まで多角化したが、今世紀に入って手じまい。今では、自転車部品と釣り具の二天流に徹している。

非上場であるためランキング外となっているが、YKKも見事な二天流を貫いている。1934年の創業、ファスナー事業で世界トップに君臨している。一方、1957年からはアルミ建材事業も開始し、100%子会社のYKK APは、日本最大のアルミサッシメーカーに上り詰めている。

細胞分裂による二天型へのシフト

YKKは、分社化によって二天型へと進化していったが、細胞分裂によって別会社として進化していくケースも少なくない。たとえば、トヨタの電装部門が独立して生まれたデンソー。ただしＰＢＲは1倍台なので、今回のランキング外。

兄弟同士という関係性で進化してきたのがヤマハとヤマハ発動機だ。ヤマハの源流は、１８８７年、山葉寅楠が浜松でオルガン（風琴）の修理をしたところから始まる。その後、ピアノ、さらには多様な楽器を手掛けていく。

戦後になると、多角化の一途をたどる。ヤマハリゾートなどのレクリエーション事業、電子事業などへと業容を広げていった。そのなかから生まれた二輪車事業は、１９５５年に分離され、ヤマハ発動機として進化していった。

その後、多角化が行き詰まったヤマハは、大幅なリストラによって音楽と電子部品という二天流に移行。ＰＢＲも2倍を超え、46位にランクインしている。一方のヤマハ発動機は二輪車に加えてマリン事業も手掛け、逆に一本足打法から二天型へと進化している。ただＰＢＲが2倍を超えるレベルには、まだ達していない。

このように、細胞分裂によって、ポートフォリオの規律を保ちつつ、新しい事業機会への展開を図ることも、二天型の１つの進化の姿といえよう。

失敗の法則——「両利きの経営」の落とし穴

もっとも、これは「両利きの経営」と呼ばれる安直な経営モデルとは、本質的に異なることに留意する必要がある。

両利きの経営モデルは、従来事業は深化を続ける一方、それとは切り離して新規事業を探索せよ、と論じる。特に、新規事業創造に苦しむ伝統企業への処方箋だという。

「新しいぶどう酒は新しい革袋に」（新約聖書　ルカ5章38節）といわんばかりだ。

しかし、この助言通りに舵を切った企業は、ほぼ確実に企業価値を棄損する。投資家からみれば、その企業ならではの将来価値を期待できないからだ。

そもそも伝統企業の投資家は、その企業の従来事業の儲ける仕組みと、その進化に期待して投資している。そこから切り離された新規事業は、バリュエーションのしようがなく、価値破壊と見なされる。

一方、新規事業の成長性に関心がある投資家は、命がけで全身全霊をコミットしているベンチャー企業を選ぶ。既存企業の「ベンチャーごっこ」などには、目もくれない。従来企業が生み落とした出島型事業は、従来事業の強みから切り離され、ベンチャー企業同士の生き残りをかけた闘争のなかで、失速していくことは目に見えているからだ。従来事業から切り離された新規事業には、はなから勝算はないのだ。

従来事業の方も、これまで通り深化しているだけでは、「ライフサイクル」という宿命から抜け出せない。こうして「企業の寿命30年」リストに名を連ねることになる。従来事業こそ、環境変化がもたらす機会と脅威を機敏にとらえて、強み伝いに進化し続けなければならない。


両利きの経営は、本場アメリカではもはや見向きもされていないが、日本では一部の経営者の間でいまだに人気がある。そこには2つの本質的な日本病がみてとれる。

第一に、経営者が、痛みを伴う意思決定を避けようとするからだ。従来事業は今まで通りにひたすら深化させ、新規事業は興味本位で探索をしていればいいのであれば、経営者にとって、こんなに楽なことはない。というより、そもそもそこには経営が不在なのである。

もう一つの病は、資本市場が正常に機能していないことである。投資家が企業の将来価値を的確に評価して行動していれば、両利きの経営をうそぶくような企業には、ノーを突き付けるはずだ。日本でも「モノ言う投資家」が増えていくなかで、このような後進性は、いずれ払拭されていくに違いない。

「両利きの経営」の成れの果てが、規律のない多角化である。それは進化ではなく、単なる膨張でしかない。日本企業は、コングロマリット・ディスカウントから抜け出したければ、性懲りもない膨張志向から大きく舵を切りなおす必要がある。

成功の法則——中核資産と新陳代謝

では、頭足（オプト）型や二天（ムサシ）型で、成功するにはどうすればいいか。大きく3つの点に留意することがカギとなる。

第一に、自社の中核資産（コアコンピタンス）を見極めること。島津製作所であれば「測る力」である。一見、無秩序に手を広げているかのようだが、すべての事業はこのコアコンピタンスに紐づいている。

第二に、そのコアコンピタンスの適応領域を、「ずらし」続けること。同じところにとどまっていては、1つの事業の寿命（ライフサイクル）をまっとうして終わる。とはいえ、新規事業を闇雲に探索しても、そこで成功する確率は限りなくゼロに等しい。自社の本質的な強みをテコにしつつ、いかに隣接領域に土俵をずらしていけるかがカギとなる。

ブルーオーシャンに飛びついてはならない。そこは、誰も関心すらもたない水たまり（超ニッチ市場）でない限り、すぐに血みどろのレッドオーシャンになる。そこで生き残るためには、自社ならではの強みが拠り所となる。それを筆者は「パープルオーシャン」と呼んでいる。今のレッドオーシャンの周辺に広がり、ブルーオーシャンの手前にあって、自社の強み伝いに漕ぎだせる領域のことを指す。そのためには、従来事業と新規事業を切り分けるようなデジタルな発想は、有害無益である。

そして第三に、新陳代謝を常に怠らないこと。中核資産を従来事業から新規事業にずらすことで、従来事業はリーン（筋肉質）になり、新規事業はスマート（高付加価値）なポジションを築くことができる。

島津製作所は、蓄電池事業を分社化、扇風機やマネキン事業からは撤退し、「測る力」にこだわりつつ、隣接領域への進化を続けている。ここでも深化と探索というデジタルな発想では、資産を膨張させるだけに終わる。ＰＢＲ２倍を超えるためには、多くの日本企業が陥っているメタボの克服が必須である。

そもそもメタボはメタボリズム、すなわち新陳代謝を意味する。そして、メタボリック・シンドロームとは、この新陳代謝がうまく働かない症状を指す。両利きの経営のように、従来事業は深化、新規事業は探索という足し算の発想を続ければ、確実にメタボに陥る。

質の高い資産を、従来事業から新規事業へとずらすことで、従来事業では「引き算」を徹底する。そして新規事業で生み出した新しい可能性を、従来事業に融合させることで、「掛け算」による乗数効果を生み出す。

この「引き算」と「掛け算」こそが、10X（テンエックス・桁違い）の進化を生み出す経営の極意である。

本章のポイント

進化の形態の1つが、「頭足（オクト）」型である。事業領域を広げ、いわば「たこ足」の形をした事業体を指す。

ただし、それは単なるコングロマリット（複合）企業ではない。闇雲に多角化するだけでは、コングロマリット・ディスカウントの対象になる。また、「両利きの経営」でもない。それは膨張でしかなく、企業はメタボに陥ってしまう。

正しく多角化していくためには、規律が求められる。自社独自の中核資産（コアコンピタンス）を見極め、それを隣接領域に「ずらす」こと。強み伝いに進化しない限り、勝算はない。

さらに「新陳代謝」が不可欠となる。そのためには、「足し算」ではなく「引き算」が必要だ。無駄な枝（事業）を切り落とす「剪定」（プルーニング）の技が求められるのである。

その結果、2つの事業領域にまで絞り込んだ形態が「二天（ムサシ）」型だ。2本足という意味では8本（オクト）足より未熟に見えるが、むしろ闇雲な多角化より、はるかに「集中と選択」が利いた形態である。

さらに「純化」を究めていくと、「本業」を一つ絞りこみ、それをひたすら深掘りする「深耕（カルト）」型へと進化していく。これは第5章で論じることとしよう。

また複数事業をぶらさげるだけでなく、それらの事業間のシナジーを追求することで、第3章で論じる「異結合（クロス）」型へと進化していく。そしてそれは、ポートフォリオ経営からイノベーション経営への進化をもたらす。このような進化型そのものの進化については、第6章であらためて考えてみたい。

いずれにせよ、「頭足（オクト）」型は、進化のプロセスにおける仮の姿でしかない。重要なことは、事業領域を広げることではなく、常に新陳代謝を怠らないことである。「足し算」より「引き算」、そのうえで「掛け算」の美学が求められていることを、常にキモに銘じる必要がある。

第2章 軸旋回（ピボット）型

ずらしの達人

ピボット（軸旋回）とは？

さて、2つ目の型をみてみよう（**図6**）。頭足（オプト）型が空間的な多様性に注目した類型であるのに対して、軸旋回型は時間的な展開に焦点を当てたものである。

そもそも、軸旋回とは何か。簡単に言うと、バスケットボールでおなじみのピボットのことだ。軸足は動かさず、もう片方の足を360度自由に踏み出していく動きを指す。経営に置き換えれば、本業に軸足を置きつつ、果敢に新しい領域に挑戦することを意味する。

その際には、本業の周辺に新しい事業機会を見出していく。軸足から離れた「飛び地」は、あえて狙わない。ここでも先述したように、「ブルーオーシャン」ではなく「パープルオーシャン」に新天地を目指すのである。

第1章で論じた頭足（オプト）型企業も、進化のプロセスをつぶさに見ると、「ピボット」を繰り返していることがわかる。

たとえば、島津製作所。創業者の島津源蔵氏は、仏具商を家業とする家に生まれた。しかし、明治維新による文明開化を追い風として、理化学機器分野へと進出していく。仏具を製造・修理する匠の技を基軸とすることで、大きくピボットすることができたのである。この辺りの経緯は、『仏具とノーベル賞』（鵜飼秀徳著、朝日新聞出版、２０２０年）に詳しい。

その後も、人体模型からマネキン、そして医療機器へとピボットを繰り返していく。一方でピボット先が、軸足から大きく離れていることがわかると、惜しみなく切り離す。マネキンや蓄電池（現在のＧＳユアサ）などがその典型例である。

頭足（オプト）型のもう一つの代表例が、「ハリネズミ経営」を標榜するベイシアグループ。同社の歴史は、１９５９年、土屋嘉雄氏が和服の生地屋として「いせや」を創業したことが起点となる。その後、洋服、さらには日用品、食品などとピボットしていき、現在のベイシアへと進化していく。

図6　②軸旋回（ピボット）型

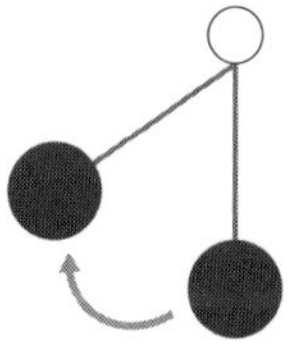

出所）筆者作成

ベイシアの進化は、そこにとどまらない。作業服や日用雑貨などへとピボットを続け、それぞれ、ワークマン、カインズというグループ企業として進化し続けているのである。グループ企業のなかで、唯一上場しているワークマンは、ＰＢＲ４倍超えの超優良企業だ。

二天（ムサシ）型企業も、同様の進化の軌跡を描いている。信越化学、シマノ、ＹＫＫ、ヤマハなどの歴史を紐解くと、いずれも「飛び地」を探索したのではなく、本業の潜在的な強みをうまくずらしていくことで、ピボットしていったことがわかる。

言い換えれば、ピボットこそが、企業進化の原動力なのである。

アンゾフの成長マトリクス

経営戦略論の父と呼ばれる経営学者をご存じだろうか。マイケル・ポーターではない。

イゴール・アンゾフ。ロシア系アメリカ人の経営学者である。アンゾフの書籍は読んでいなくとも、「アンゾフの成長マトリクス」はご存じではないだろうか。１９５７年に、『ハーバード・ビジネス・レビュー』誌に発表した論文「多角化戦略の本質」のなかで提唱されたフレームワークだ。１９５７年といえば、ポーターの戦略論より四半世紀以上前、ちなみに筆者が生まれた年でもある。

アンゾフの成長マトリクスは、事業の成長を「製品」と「市場」の2軸にとり、それぞれの軸をさらに「既存」と「新規」に分けて4象限で示したものである（**図7**）。シンプルなだけに、とてもパワフルなフレームワークだ。

図7 「アンゾフの成長マトリクス」の進化形

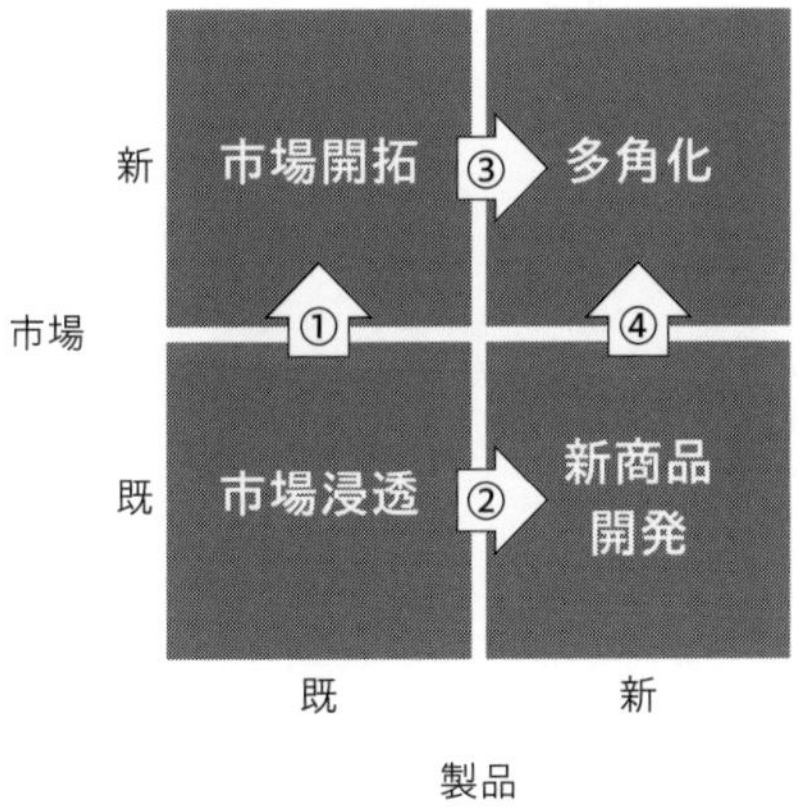

出所）アンゾフの成長マトリクスを筆者が一部加筆修正

ただし、使い方には注意がいる。新規事業を右上のゾーンだと勘違いして、いきなり左下の既存事業から対角線上にジャンプしてはならない。製品（サプライサイド）にも市場（デマンドサイド）にも知見がない新規事業には、初めから勝算はないからだ。これが両利きの経営の落とし穴である。

そうではなく、左下の既存の領域にしっかり軸足を置き、もう一方の足を1つずらすこと。たとえば、既存の製品（技術）を活用して、新しい市場に参入する（①左上）とマーケット・イノベーションを生むことができる。あるいは、既存の市場に新しい製品を投入する（②右下）ことで、プロダクト・イノベーションを引き起こせる。そのうえで、さらにその新しく踏み出したゾーンを軸足に右（③）、または上（④）にずらすことで、右上の「多角化」ゾーンに踏み出していくことができるようになる。

数々の「グローバル・ニッチ・トップ」事業を持つ日東電工は、このような3つのずらしを「三新活動」と名づけ、60年以上、進化し続けている。ただし、今回は、ランキング外となった。PBRが1倍台にとどまっているからだ。さらに大きく進化していくためには、同社ならではの無形資産を基軸としたピボットのスピードとスケールを、10X化していく努力が求められる。

では、ピボットをテコに、100年を超えて今なお大きく進化し続けている企業はどこか。本書では、先進事例として、SCREENを取り上げたい。

事例❷

SCREEN

SCREENという企業をご存じだろうか。京都に本社を置く産業用機器メーカーだ。

世界の半導体業界では、よく知られた存在である。半導体製造の前工程で品質のカギを握る洗浄装置では、世界トップシェアを誇る。これから半導体の微細化が進むなかで、ますます重要な役割を担うものと期待されている。

今でこそ「半導体銘柄」と位置づけられているが、同社の歴史を紐解くと、まさにピボットの絵巻物のようだ。そもそものルーツは、1868年（明治元年）に、石田才次郎氏が京都に創業した石版美術印刷会社。その後、銅版印刷へとピボットした後、写真製版用ガラススクリーンの国産化に成功。1937年に研究部門が独立して「大日本スクリーン製造所」が生まれ、1943年に株式会社として再編されて「大日本スクリーン製造株式会社」がスタートした。

同社では2023年に80周年を迎えたが、ルーツから数えると155周年目にあたる。先述した島津製作所より老舗企業である。

ピボットは、さらにそこから加速していく。ガラススクリーン事業から、世界有数の印刷製版機器メーカーへと発展。さらに、ガラススクリーンの製造技術「フォトリソグラフィー」を活用して、カラーテレビ用シャドーマスクなどの電子産業用部品に進出。その後、現在の主力事業である半導体製造装置や液晶製造装置など電子工業用機器へとピボットし続けていったのである。

思考展開

同社は、このようなピボットによる「拡業」を繰り返すことで、155年間、進化し続けてきた。「企業の寿命30年説」に従えば、5世代にわたって生まれ変わってきた計算になる。

同社では、このような運動論を「思考展開」と呼び、組織のDNAとして大切にしている。先日、同社の主力事務所の1つである洛西事業所を訪問した際、玄関に「思考展開」と刻まれた石碑がたたずんでいた。

先に紹介した島津製作所の「源流遠長」といい、SCREENの「思考展開」といい、京都企業ならではの進化のアルゴリズムが息づいている。伝統を基軸としつつ、革新し続ける姿勢は、1400年の京都の歴史の中で、育まれてきた知恵なのだろう。

しかも、危機に追い込まれてやむなくピボットするのではなく、むしろ、本業が絶好調の時に次世代成長への布石を打つところに、京都企業ならではの懐の深さを感じさせる。

たとえば、現在、SCREEN全体の売上高の80%を占め、大半の利益を稼ぐ半導体製造装置。四十数年前には、将来の可能性でしかなかった。電子産業用部品がまだ絶頂期だったその時期に、次の大きな山への準備が始まった。

とはいえ、最初に集められたメンバーは10名程度。その一人が、若き日の廣江敏朗氏、現在のSCREENホールディングスの社長だ。半導体製造装置分野の今日の隆盛を築き上げた立役者の一人である。

その廣江社長が、半導体が絶頂期の今、「半導体の次」に大きく踏み出そうとしている。エネルギーとライフサイエンスの分野だ。30年先の未来を見据えて、最高益を達成した今こそ、ピボットの絶好のタイミングだと、廣江社長は確信している。

まさに「思考展開」の精神が力強く息づいている。

ジョブズの「愛」

一方で、祖業の印刷分野も、独自の進化を続けている。現在はSCREENグラフィックソリューションズ社が、グラフィックアーツ機器事業を展開している。

この分野では、とっておきのエピソードがある。ヒラギノという文字フォントをご存じだろうか。

今では、テレビ放送での文字テロップや各種書籍・雑誌の見出し、道路標識などによく使われている日本語のデジタルフォントである。オーソドックスでありながら、明るくシャープ、かつ現代的なデザインとして、高く評価されている。

このフォントを開発したのが、同社である。１９９３年、今から30年前のことだ。ちなみに「ヒラギノ」という名前は、京都北区の地名である。近くに京都産業大学のキャンパスがあり、今では学生町としても知られている。

２０００年2月、そのヒラギノが、突如、Mac OS に標準搭載されることになった。MACWORLD Expo/Tokyo に登壇したスティーブ・ジョブズが、画面いっぱいに映し出したヒラギノ明朝体の「愛」という一文字を指さし、「クール」と絶賛したことは、その後、語り草となった。今ではｉＰｈｏｎｅなど、アップルのｉＯＳ機器の画面表示用フォントにも使用されている。我々は、知らず知らずに、日々、ＳＣＲＥＥＮの匠の技の恩恵を受けているのである。

事務用大型複写機も、日本文化の隠れた立役者だ。同社が２００３年に開発した「直立型大型スキャナー」は、京都の歴史的文化財のデジタルアーカイブ事業に活用されるなど、世界遺産を未来に継承する大切な役割を果たしている。

つなぎ、ひらく

最高益を達成した今こそ、大きなピボットに踏み切る必要がある。廣江社長は、

企業理念

存在意義

人と技術をつなぎ、未来をひらく

未来共有　未来を見つめ社会の期待に誠実にこたえる
人間形成　働く喜びを通じて人をつくる
技術追究　独自技術の追究と融合をすすめる

創業の精神

思考展開　創造と発展に挑み続ける精神

そのような確信のもと、企業理念の見直しに取り掛かった。今風にいえば、「パーパス」の策定である。もっとも廣江社長は、そのような浮ついた風潮には便乗したくないという。このあたりも京都企業らしいこだわりかもしれない。

半年以上の検討を経て、2023年4月、同社は上図のような新企業理念を発表。「思考展開」を創業の精神として位置づけたうえで、あらたに掲げた存在意義が「人と技術をつなぎ、未来をひらく」である。

そこには、廣江社長ら経営陣の強い志が込められている。ホームページから抜粋してみよう。


「人」は、社員だけでなく、すべてのステークホルダーの皆さまを広く包含しています。

「技術」は、これまで培ってきた独自の技術を中心に、他社技術とも積極的に融合し進化を続けてきたSCREENグループの技術の全体を指しています。また、蓄積してきたノウハウも技術の一つと捉えています。これら人と人、技術と技術、さらには人と技術を接続し新たな価値を創造するとともに、創業以来積み重ねてきた有形・無形の財産を未来へと伝承することも「つなぐ」に込めています。「未来をひらく」には、社会課題の解決を通じて、持続可能な未来への扉を開くことと、社会の発展へ挑み、未来への道を切り拓くという2つの意味を込めています。

「つなぐ」と「ひらく」という2つの動詞に織り込まれた熱い思いが、伝わってくる。そこには、空間軸上は「開放系」、時間軸上は「非線形」な時空間が広がっている。まさに、筆者が「10X（テンエックス・桁違い）」と呼ぶ次世代思考によって貫かれていることがわかる。

パーパスからピボットへ

パーパスの策定は、スタートラインにすぎない。最近のブームに乗って、形ばかりのパーパスを掲げている企業が多いのは、大変残念である。筆者はそのような状況を、皮肉を込めて「額縁パーパス」と呼んでいる。

もちろん、SCREENホールディングスは、勝負がこれからであることは百も承知だ。筆者も少し側面支援をさせていただいている。

企業理念発表以降は、3段階の浸透策が進められている。

まず、ホールディングスが掲げる企業理念を、各組織に落とし込まなければならない。同社には4つの主要事業会社がある。半導体製造装置、グラフィック関連機器、ディスプレイ関連機器、プリント基板関連機器と、各社異なった事業分野を担当している。現在、ホールディングスが掲げた企業理念を、各社の事業分野に沿った形で読み解き直したうえで、さらに事業戦略に落とし込んでいる。

その際に使っているのが、前述したCSV（共通価値の創造）モデルだ。社会価値を創出しつつ、経済価値（より端的に言えば将来利益）を生み出す事業モデルを練り上げている。

そのうえで、第2段階として、各社の部門ごとに落とし込んでいく。開発、生産、販売など、それぞれの業務に沿った形で、企業理念と戦略をきめ細かくブレークダウンしていく必要がある。なかんずく、経理や総務などといったバックオフィス（間接）部門は、顧客や社会と接する機会が少ないので、丹念に業務を企業理念に紐づける活動が求められる。

そして最後に、この「組織ごと化」された企業理念を、そこにいる社員一人ひとりの「マイ・パーパス」に「自分ごと化」していく必要がある。世界中の社員全員に、しっかり落とし込んでいくには、優に2～3年はかかるだろう。

もちろん、廣江社長は、その長い道のりをしっかり覚悟している。そのような全社の意識改革が実現できれば、SCREEN全体が次世代の進化に大きくピボットすることを確信しているからである。

創業155周年を迎えて、進化はさらに勢いを増すばかりだ。創業200年目の姿が、今からたのしみである。

ビッグ・ピボットの時代

世界に目を転じてみよう。「ピボット」は、いま改めて経営のキーワードとなっている。変化が常態化している時代には、好む好まずにかかわらず、「戦略転換」を迫られるからである。

その論客の一人が、アンドリュー・ウィンストンだ。ボストン・コンサルティング・

グループを経て、サステナビリティ経営に関する第一人者として活躍している。この10年来、筆者の友人であり、同志でもある。

ウィンストンの著書『ビッグ・ピボット』（英治出版、２０１６年）は、世界的なベストセラーとなった。その日本語版に、筆者は、次のように序文を寄せている。

「ＶＵＣＡワールド」という言葉が、経営者の間でまことしやかにささやかれている。ＶＵＣＡとはVolatility（変動性）、Uncertainty（不確実性）、Complexity（複雑性）、Ambiguity（曖昧性）の略で、もとは軍事用語だ。先が見えない経営環境のもとでの意思決定の難しさを如実にあらわした言葉である。

しかし、ＶＵＣＡの先にある、より本質的な潮流を読み取ることができれば、正しい方向に経営の舵を切りなおすことができるはずだ。本書はそれを、「ビッグ・ピボット」と呼ぶ。ピボットとは、バスケットボールのプレイでみられるように、軸足を中心とした回転運動のことだ。本質的な潮流を見極めて、自社の志（大義）を軸足としつつ、正しい方向に大きく踏み出すことが必要だと本書は説く。

（中略）

本書の真骨頂は、第2部「ビッグ・ピボット10の戦略」にあるといっていいだろう。ESGの必要性は理解されたとしても、その実践は実は決して容易ではない。なぜなら、企業として経済価値を追求することと、ESGが求める社会価値を向上することが、二律背反（トレードオフ）と捉えられがちだからだ。

代替エネルギーや異次元のイノベーションには、大きな投資を伴い、そのリターンは短期的には担保されず、かつきわめて不確かだ。またガバナンスは、意思決定のスピードをそぎかねず、かつ、株主へのリターンを確保することが優先され、長期的なリスクテークには踏み込みにくくなる。

本書の第2部では、これらのトレードオフを「トレードオン」（両立）に昇華させるための具体的な戦略が示されている。ビジョン、価値観という社内の仕組みに関してそれぞれ3つ、対外的なパートナリングに関して3つ、そして、それらの真ん中にある企業進化に関するものというトータル10の戦略で構成される。

詳細は本文に譲るが、包括的で、かつそれぞれ示唆に富んだ内容が盛り込まれている。しかも、「何をすべきか（What）」だけでなく、「いかに実践するか（How）」にまで踏み込んでおり、企業経営の現場でも大変役に立つ提言になっている。

ウィンストンが論じるように、サステナビリティという大潮流は、企業に本質的な大転換（ビッグ・ピボット）を迫っている。その際には、実践の巧拙が成功の分水嶺となるのである。

失敗の法則――軸なし、軸残し、軸ブレ

ピボットを実践するうえでは、大きく3つの落とし穴に注意が必要だ。

一つ目は、そもそも軸足不在という情けないケース。10年ほど前に、新規事業開発手法として注目された「リーン・スタートアップ」がその典型である。完璧な商品ではなく、アイディアベースのMVP（Minimum Viable Product：最低限役に立つ未完成品）を素早く市場に出し、市場からの反応を踏まえてピボットせよ、と説く。その結果、何が生まれたか。市場創造に失敗したゴミの山である。

ピボットといっても、そもそも軸足がない状態で方向転換しても、市場に流されるだけに終わり、大きくスケールする事業など生まれるわけがない。リーン・スタートアップは、そもそも手法そのものが「まったく役に立たない非完成品」に終わってしまった。

2つ目の失敗は、軸足に重心が残ってしまっているケース。ゴルフのスイングにた

とえると、「明治の大砲」と呼ばれるものだ。ボールは一瞬、高く舞い上がるものの、元の場所近くに落ちてきてしまう。

本人はピボットしているつもりでも、これまでのやり方を引きずってしまう。慣れ親しんできたことを脱学習する知恵が不足しているのである。先述した「両利きの経営」も、的はずれの新規事業を探索する一方で、既存事業を深掘りしていても、まったくピボットになっていない。

一見、何の経営リスクもないようだが、リスクのないところにはリターンはない。そもそも、軸足で踏みしめ、大きく前に重心を移す勇気が不足しているのである。

3つ目は、体重移動を早まるあまり、軸ブレを起こしてしまうケースである。ゴルフのスイングにたとえると、「スウェー」にあたる。これだと球は左右にぶれまくり、下手をするとOB。筆者もゴルフをたしなんでいたころに、よくやらかしていた。

たとえば、本業をおろそかにして、サステナビリティ関連事業に精を出す企業が少なくない。先述の「ビッグ・ピボット」を地で行くつもりになっているのだろうが、これでは本業の衰退は加速するばかりだ。本業を軸足としない限り、新規事業の探索は単なる「ベンチャーごっこ」に終わってしまう。これも「両利きの経営」がもたらす、もう一つの残念な結果である。

ピボットを口にする経営者は多い。しかし、実態をよくみてみると、この3つの落とし穴にはまっているケースが後を絶たない。勉強熱心な経営者ほど、「リーン・スタートアップ」「サステナビリティ経営」「両利きの経営」などという流行りの経営手法に惑わされがちだ。筆者はこれを「舶来病」と呼んでいる。しかも、そのような経営者ほど、新しい流行語に「ピボット」しやすいので、始末が悪い。そのような軽いノリのピボットからは、本質的な変革は、はなから期待できない。

成功の法則——軸足とずらし

逆に、ピボットを成功させるためには、3つの基本要件を満たす必要がある。

第一に、「軸足」を骨太に定義すること。表面的に「XX事業」や「XX技術」などととらえてしまうと、重心を大きく移すことができない。「本質」を見極めることがカギとなる。

SCREENの例で言えば、祖業の「印刷事業」や「印刷技術」を軸足においてしまうと、ビッグ・ピボットは容易ではない。そうではなく、たとえば印刷の本質は「転写力」にあると捉え直してみると面白い。

東京大学のものづくり経営研究センター長を長く務めた藤本隆宏・早稲田大学教授は、「モノづくりの本質は、設計情報を生産に転写していくこと」だと論じる。また、「設計情報の良い流れをつくること」とも定義する。そして、トヨタに代表される統合型開発・生産組織能力の本質を、「設計情報の創造・転写システム」だと位置づけている。

SCREENの場合には、印刷の本質を転写力にあると捉え直してみる。すると顧客企業の想いを設計情報に落とし込み、かつそれを忠実に転写していくことこそが、自社の軸足に位置づけることができる。

第二に、そのように骨太に捉え直した本質的な強みを、それが生きる隣接領域へと大きく「ずらし」ていくこと。「飛び地」の新規事業は、成功確率は限りなくゼロに近い。前述したように、ブルーオーシャンではなく、自社の本質的な強みが生かせる「パープルオーシャン」（レッドとブルーの混合領域）こそが、大きな次の一歩を踏み出す先なのである。

この成功の法則によって見事な復活劇を果たしたのが、アメリカの3Mである。同社はイノベーションの代名詞のような企業だったが、2000年に入って、成長が鈍化。自社の強みがまったく生きない飛び地を探索する一方、本業の方は同じ領域での

図8　3Mの持続的進化モデル

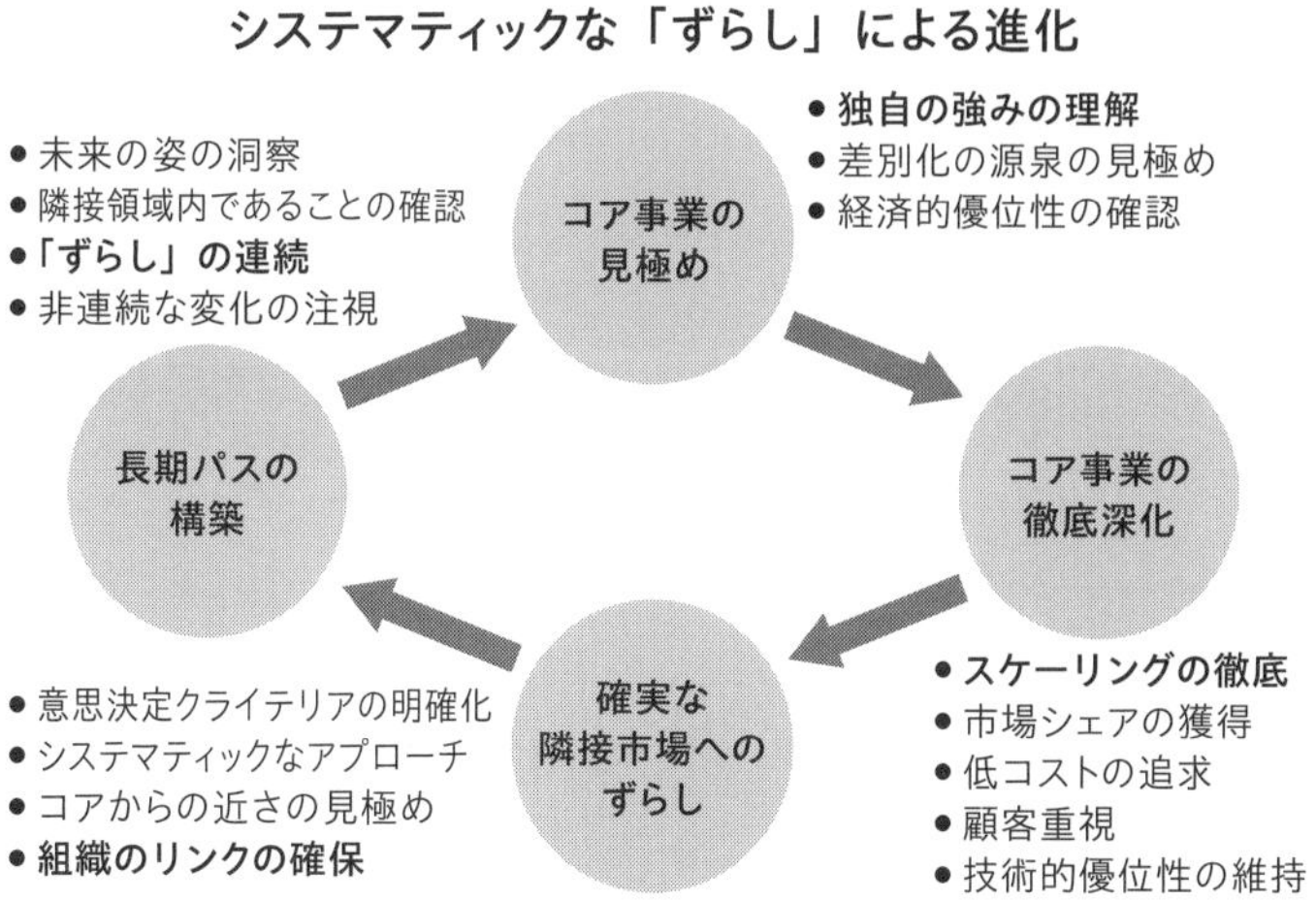

出所）3M

深化に終始していた。まさに「両利きの経営」の典型的な失敗の構図に陥っていたのである。

２００５年にＣＥＯに就任したジョージ・バックリーは、そのどちらにも終止符を打った。まずは、自社の本質的な強みを再定義したうえで、それが本質的に生きる「隣接市場（Truly Adjacent Markets）」に照準を当て、そこをシステマティックに広げていくという経営手法へとピボット。その結果、３Ｍは次世代成長へと進化していくことができたのである（**図8**）。

ＳＣＲＥＥＮの場合にも、印刷の本質を「転写」と読み替えることにより、印刷事業という狭い世界から解き放たれると同時に、本業で培った本質的な力を、それこそ大胆に「転写」していくことができたのである。その結果、現在の主力の半導体製造装置事業を大きく開花させることができた。そして今、エネルギーやライフサイエンスといった未来事業へと、ビッグ・ピボットしていこうとしているのである。

「ずらし」の好機

第三に、「軸ずらし」のタイミングを見極めること。急ぎすぎると既存事業の縮退のタイミングを早めてしまい、遅すぎると負のスパイラルから抜け出せなくなる。では、絶好のタイミングはいつか。

マッキンゼーの大御所（当時）リチャード・フォスターによる『イノベーション』（大前研一訳、阪急コミュニケーションズ、1987年）が、参考になる。そのなかで、「ダブルSカーブ」という考え方が紹介されている（**図9**）。古いSカーブから新しいカーブにうまく軌道変更（ピボット）できれば、企業は次世代成長を目指すことができるというものだ。

図9　Sカーブによる技術の進歩

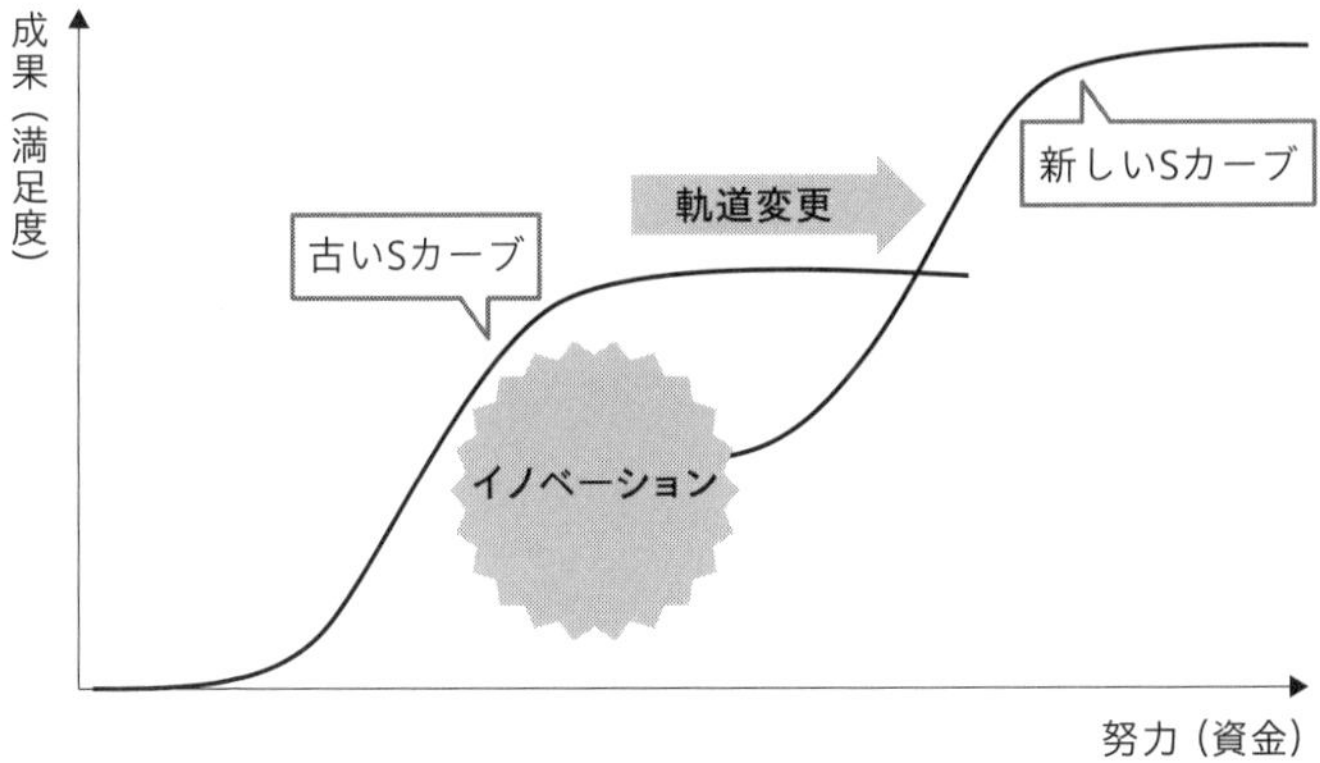

出所）R・フォスター『イノベーション』をもとに筆者が作成

図では新しいカーブがスタートしているところが、ちょうど「イノベーション」というマークで隠れてしまっている。新規事業に必要な助走期間を考慮すると、古いカーブが頭打ちになったところでは遅すぎる。旧来事業の成長が鈍化し始めたところが、絶好のタイミングである。この時点はまだ旧来事業が成長軌道に乗っているので、まだまだいけるとの思いが強く、かつ繁忙を極めている時期だ。しかし、その成長率がピークの時こそ、次世代事業を仕掛ける絶好のタイミングである。

この図で肝心なところは、新しいSカーブがゼロからスタートしていないことである。ゼロベースで新規事業を始めると、スタートアップ企業と変わらなくなる。スタートアップの成功率は10％以下、かつ本業がある企業は、新規事業への「覚悟」（コミットメント）がスタートアップの10％以下。本業をもっている企業が、新規事業をゼロから始めても、成功の確率は1％以下にすぎないのである。

ではなぜ、かなり高い地点からヘッドスタートが切れるのか。それは、既存の事業の資産を活用できるからだ。この資産の「ずらし」によって、新しいSカーブがスピードとスケールを獲得することが可能になる。この「ずらし」こそが、「両利きの経営」という聞き心地のよい（そして実りのない）経営モデルとの本質的な違いである。

もちろん、既存事業は成長のピーク時を迎え、フル回転の真っ最中である。その時点で、資産を新規事業にずらすことは、きわめて辛い。しかし、それをあえてやり切り、既存事業の資産を身軽にする（アセット・ライト）ことによって、既存事業そのものも、やがてピークアウトした後も、図のように長らく巡航飛行を続けることが可能になる。

体重移動ができないと既存事業に軸足が残り、体重移動が早すぎると軸がぶれる。絶妙なタイミングを見極めることこそが、ピボットの要諦である。

SCREENの場合にも、印刷事業が縮小に向かう前から、転写スキルの「ずらし

（転写）」を仕掛けていた。たとえば半導体産業の黎明期に、シリコンウエハーの洗浄装置を開発。ウエハーに設計回路を正確に転写するうえで、印刷事業で磨き上げてきた表面洗浄技術がカギを握っていたのである。

そして、半導体事業が成長の最盛期にある今、エネルギーやライフサイエンスといった次のSカーブを立ち上げようとしている。「思考展開」を基軸に、150年以上ピボットを続ける同社の真髄といえよう。

本章のポイント

進化を時間軸で捉えた類型が、「軸旋回（ピボット）」型である。本業の中核資産を軸足として、強み伝いに「拡業」を図っていくものである。「飛び地」（ブルーオーシャン）に飛び込むのではなく、強みを「ずらす」ことで、レッドオーシャンの周りに広がる「パープルオーシャン」（隣接領域）へと進化していく。

その際に、気をつけなければならないのが、ピボットのタイミングである。早すぎても遅すぎても失敗に終わる。既存事業の成長率が鈍化するタイミングにこそ、ピボットを始めなければならない。そのためには、既存事業から新規事業に資産をずらしていく知恵と覚悟がカギとなる。

既存事業の深化と新規事業の探索を切り離してしまう安易な両利きの経営の落とし穴にはまってはならない。

このようなピボットが、第2、第3の創業につながっていく。その結果が前述した「頭足（オプト）」型、さらにはそれがさらに純化した「二天（ムサシ）」型を生み出すのである。これらがいわば進化の静的な一断面に着目したものであるのに対して、「軸旋回（ピボット）」型は進化の動的なプロセスに着目したものである。進化は定義上、終わりのない動的なプロセスである。だとすれば、この「軸旋回（ピボット）」こそ、進化の根源的なエンジンであるともいえよう。

日本企業の多くは、成長の壁にぶちあたって、新規事業の探索に余念がない。しかし、次章で詳述する通り、真のイノベーションは、既存のものと異質なものとの結合（異結合）にある。既存事業の強みをいかにずらすか、すなわち、「軸旋回（ピボット）」力こそが、持続的に進化し続けるためのカギを握るのである。

第3章 異結合（クロス）型

イノベーションの実験場

クロス・カプリング（異結合）とは？

次に第3の類型である「異結合（クロス）型」を紹介しよう（**図10**）。

クロスは、「クロス・カプリング」の略。そもそもは化学用語で、2つの異なる化学物質を選択的に結合させる反応を意味する。「ホモ・カプリング」が同質なものの結合を指すのに対して、「クロス・カプリング」は異質なものの結合を指す。

有機化学の世界では、日本人が世界的な「クロス・カプリング」の発明者として名を連ねている。

最も有名な例は、「根岸クロス・カプリング」。根岸英一博士は、ニッケルなどの金属を触媒に利用した高分子化合物の生成法を考案し、2010年にノーベル化学賞に輝いている。この手法は、バイオ医薬や有機ELなどの製造プロセスに活用されているほか、将来、人工光合成などのGX（グリーン・トランスフォーメーション）への応用が期待されている。

より一般的には、クロス・カプリングとは「異質なもの同士の有機的結合」を意味する。ここで重要なことは、「足し算」ではなく「掛け算」だという点である。言い換えれば、1＋1＝2以上の効果を生み出すこと。「シナジー（相乗）」効果とも呼ばれるものである。

経営の世界でも、「シナジー」はキーワードの1つだ。たとえば、前述した頭足（オクト）型は、事業間のシナジーを多角化のよりどころにしようとする。また他力を取り込むM&Aやアライアンスでは、「シナジー」の実現が、付加価値創造のカギを握る。

しかし実際には、「シナジー」は幻想でしかないことの方が多い。それどころか、シナジーの対義語の「アナジー」、すなわち、両者の価値を棄損する結果すらもたらしてしまう。その結果、多角化企業は「コングロマリット・ディスカウント」にさらされることは、第1章でも論じた通りだ。また、M&Aにおいても、シナジー効果を狙って支払ったプレミアムが正当化されるケースは稀だ。

図10　③異結合（クロス）型

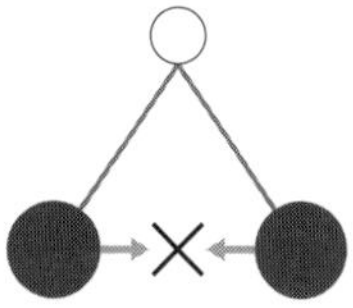

出所）筆者作成

「オープン・イノベーション」も一世を風靡している。外部の知恵を取り込んで、イノベーションを生み出そうという試みである。M&Aに比べて、緩やかなアライアンスの方がリスクが少なく、多様な可能性を試行できると期待されるからだ。しかし実際には、オープン・イノベーションの成功の確率は、M&Aよりさらに低い。

なぜか。「クロス」（異質性）はあっても、「カプリング」（有機的結合）力が弱いからである。そのようなコミットメントが低い関係性のなかから、化学反応が生まれるわけがない。

多角化、M&A、オープン・イノベーションなどという「飛び道具」に安易にすがる前に、クロス・カプリングの本質をしっかり理解する必要があるようだ。

シュンペーター流「異結合」

100年前に、イノベーションという言葉を生み出したのは、経営学者のヨーゼフ・シュンペーターだ。

シュンペーターはイノベーションを「新結合」（neue Kombination）と定義した。既存のもの同士の新しい結合。ただし、同質なものの結合（ホモ・カプリング）ではなく、異質なものの結合（クロス・カプリング）でなければならない。筆者は「異質性」を強調するために、「異結合」と呼んでいる。詳細は、拙著『資本主義の先を予言した　史上最高の経済学者　シュンペーター』を参照していただきたい。

同質なものからはイノベーションは期待できない。最近の潮流で言えばDX。既存の事業モデルや業務プロセスをデジタル化しただけでは、効率化にはなっても、新たな価値創造にはつながらない。「フードテック」や「フィンテック」などという「ＸＸテック」は、単なるデジタル化にすぎず、イノベーション以前である。

異質なもの、たとえば、食と保険を「異結合」して健康増進型保険を提供することで、既存の産業の枠組みを超えたＱＯＬ（Quality of Life：生活の質）の抜本的な向上を目指すことができる。南アフリカ発で世界中に展開しているバイタリティ健康プログラム（日本では住友生命が展開）や「ひまわり生命」のインシュアヘルスなどが、その好例である。

閉塞感が漂うなかで、日本の経営者は、決まり文句のようにイノベーションの必要性を説く。しかし、残念ながら２つの本質的な勘違いに陥っていることが多い。

一つ目は、「技術革新」に軸を置いていること。技術革新はイノベーションではなく、インベンション（発明）である。シュンペーターに言わせれば、インベンションは、新しい可能性の材料を１つ生み出したにすぎない。

イノベーションの本質は、「技術革新」ではなく、「市場創造」である。新しい市場を生み出さない限り、イノベーションとは呼べない。シュンペーターを世界最高の経済学者と呼ぶピーター・ドラッカーも、同じことを強調している。

２つ目は、０→１にとらわれすぎること。０→１で終わってしまえば、社会のゴミ

（無駄）以外の何物でもない。マネタイズすることで1→10（事業化）へと進化させ、さらに広く社会実装することで10→100（本業化）へと異次元の成長を遂げることができる。0→1ではなく、1→10、10→100へとスケールさせることこそが、イノベーションの本質なのである。

そのためには、新規事業の探索などといった「お手軽」な取り組みではなく、本業を核とした「クロス・カプリング」を仕掛けていかなければならない。

事例❸

味の素

クロス・カプリング、すなわち異結合は、イノベーションの真髄である。そして、イノベーションの枯渇を嘆く日本企業には、異次元の成長を目指す志と覚悟、そしてそれを持続的に生み出す無形資産と仕組み（アルゴリズム）が、決定的に不足している。

自社のなかに、異質な資産をもち、それを高い次元で結合させることができる企業は、ごく稀である。先述した二天型企業、たとえばＹＫＫや信越化学も、２つのコア事業をバランスよくもっているものの、事業間シナジーは必ずしも高くない。

今回のランキングでは、2社だけがクロス型としてランクインしている。味の素と花王だ。いずれも100年を超える老舗企業であるにもかかわらず、高いPBRを誇っている。そしていずれにも共通しているのは、B2C事業とB2B事業という2つの事業群を持ちつつ、その間で高いシナジーを実現している点である。

ここでは、味の素を例に取り上げよう。同社はB2C型の食品事業として知られているが、B2B型のアミノサイエンス事業にこそ、同社固有の強みがある。それは、1908年、同社の創業のストーリーにまでさかのぼる。

1908年、池田菊苗・東京帝国大学教授が、昆布だしの味の成分が、グルタミン酸であることを発見し、この味を「うま味」と命名した。翌年には創業者の2代目の鈴木三郎助が、うま味調味料として一般販売を開始、「味の素」の誕生である。

このグルタミン酸はアミノ酸の一種。そしてアミノ酸からたんぱく質がつくられる。たんぱく質は、筋肉や骨、皮膚などカラダを作ったり、エネルギーとなってカラダを動かす源となるだけでなく、各種のホルモンや酵素、抗体となってカラダを維持・調節する機能を担っている。アミノ酸は、まさに「いのちのもと」なのだ。

少し脱線するが、2022年には地球外生命に関して画期的な発見があった。日本の小惑星探査機「はやぶさ2」が持ち帰った小惑星リュウグウの砂からも23種類のアミノ酸（うち、生物のたんぱく質をつくるアミノ酸11種）が検出され、地球以外の宇宙にも生命体が存在している可能性が高まったのだ。

一方、地球においては、食料の枯渇が生存の危機として世界的な課題として浮上してきている。アミノ酸を生成するイノベーション力が、改めて問われているのである。

半導体部材の隠れた世界チャンピオン

味の素は、創業以来、グルタミン酸を生み出す科学を究め続けてきた。それと同時に、量産したアミノ酸を、うま味調味料以外の多様な食品（たとえば冷凍食や医療食）、ひいては食品以外にも応用する道を開き続けてきた。これがB2B型の「アミノサイエンス事業」の源流である。そしてこの事業が、近年、非連続な成長を遂げつつある。

たとえば、再生医療の実用化に向けて必須とされるiPS細胞の培養に、アミノ酸の培地が活用されている。病気のリスク診断（アミノインデックス）にも応用されているほか、将来的には認知症予防の効果が期待されている。

さらには、生命を超える領域へのアミノサイエンスの「ずらし」が、同社の非連続な成長を牽引している。その代表例が、ＡＢＦ（味の素ビルドアップフィルム）事業である。

１９７０年代にアミノ酸製造のノウハウを応用したエポキシ樹脂の研究に着手、１９９０年代に入って、その技術をパソコン用半導体基板の絶縁材料に応用することに成功。今では全世界の主要なパソコンのほぼ１００％のシェアを握っている。

その結果、味の素は半導体産業の生命線の１つを握るまでになっている。コロナ禍やウクライナ紛争によって、世界のサプライチェーンが分断された際には、「ゲーム機が品薄なのは味の素のせいだ」という噂がネットで流れた。半導体不足に陥ったのは、味の素のせいではなかったのだが、こんなことがまことしやかにささやかれるほど、戦略サプライヤーとしての地位を築き上げていることは事実である。

今や、半導体を実装するのは、パソコンだけではない。サーバー、スマホ、クルマなど、社会のインフラを支える基盤となっている。最近、進化が著しい生成ＡＩを社会実装していくうえでも、半導体の小型化・高集積化が不可欠となる。味の素は、バイオのパワーを、デジタルと融合させることによって、生命、そして社会を支える黒子として、進化し続けているのである。

クロス・カプリングの進化

2023年、味の素は、2030年に向けてパーパスをさらに進化させた。従来の「アミノ酸のはたらきで食と健康の課題解決」から「アミノサイエンスで人・社会・地球のWellbeingに貢献する」へ。そこには3つの想いが込められている。

第一に、人から、社会・地球への視座の広がり。「食と健康」という従来のヒト軸を大きく超えて、社会や地球を視野に入れたイノベーションを目指している。

第二に、アミノサイエンスを成長の基軸とすることの明確化。事業利益ベースでみると、これまでは食品事業とアミノサイエンス事業の比率は2：1だった。今後は食品事業も成長させながら、アミノサイエンス事業も大きく成長させることにより、2030年までに1：1の比率にすることを宣言。

第三に、事業ポートフォリオそのものの組み替え。ビジネスモデル変革（BMX）をテコに、食とアミノサイエンスという従来の事業群を、「ヘルスケア」「フード&ウェルネス」「ICT」「グリーン」という4つの事業群へと変貌させようとしている（**図11**）。

BMXの本質は何か。それは、アミノサイエンスの力を食と健康にクロス・カプリングさせてきた知恵を、グリーン革命やデジタル革命へと広げることで、未来の

図11　味の素における次世代クロス・カプリング

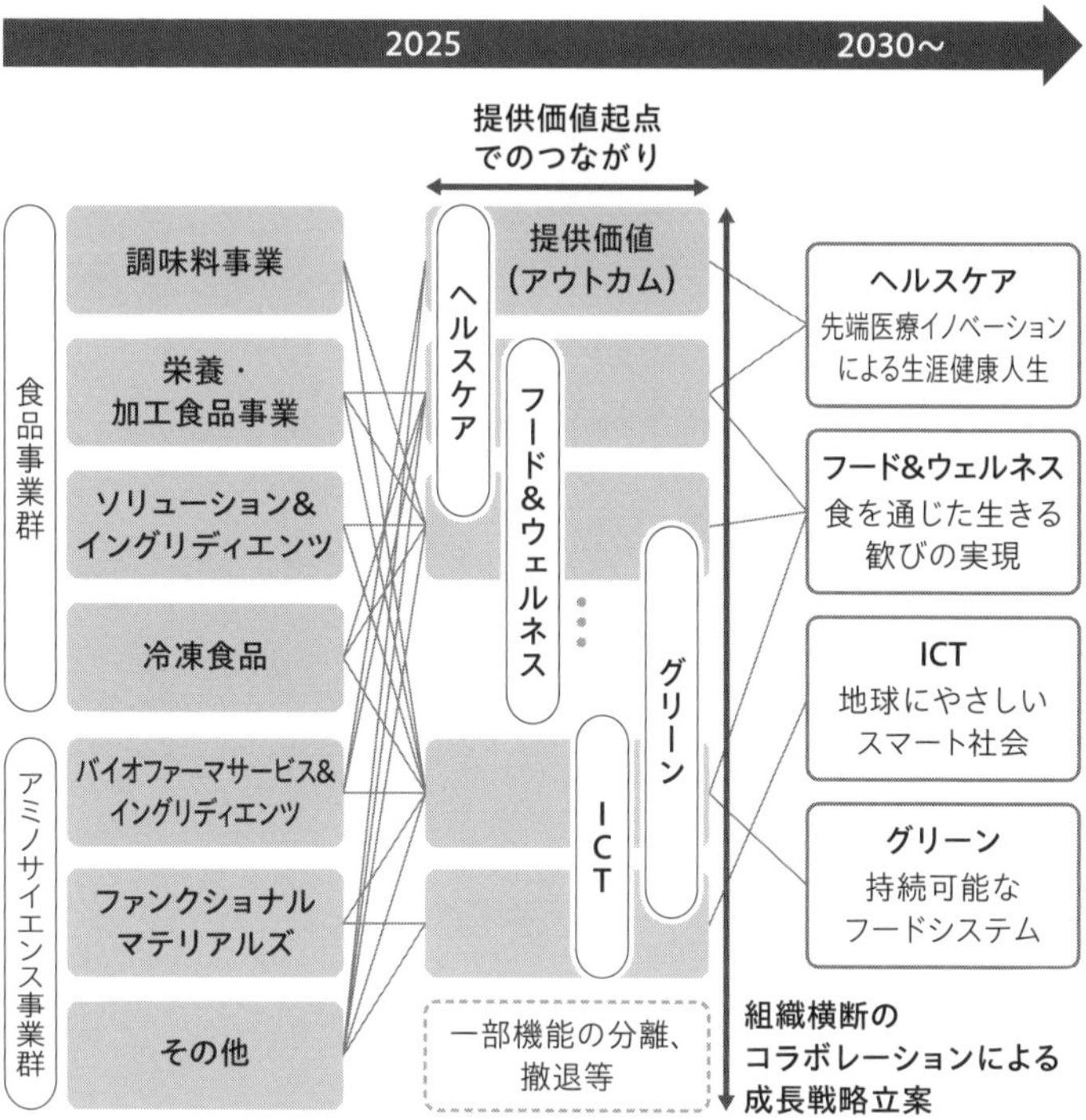

出所）味の素「中期ASV経営 2030ロードマップ」（2023.2.28）を筆者が一部加筆修正

価値を創造し続けることである。

たとえば、アミノサイエンスを駆使した代替たんぱく質を、「グリーンフード」として展開している。また、炭酸ガスなどを原料にした環境にやさしい素材（エアプロテイン）の開発を手掛けている。

味の素は、その実践に向けて、食品事業とアミノサイエンス事業のトップに、それぞれ逆の事業の出身者を登用。まさに経営人財レベルでのクロス・カプリングである。

10年先には、味の素は「食品メーカー」というカテゴリーではとらえられなくなっているに違いない。本書の調査時点でもＰＢＲは３倍超、成長期待を表すＰＥＲは30倍を大きく超えている。

味の素は、創業１００年を大きく超えてなお、クロス・カプリング（異結合）というイノベーションの仕組みを駆使して、非連続な進化を遂げ始めている。

失敗の法則——2流×2流

もう１社の事例である花王も、コンシューマープロダクツ事業とケミカル事業の間で、クロス・カプリングによるイノベーションを生み出している。たとえば、生理用品や紙おむつに使われている吸水性ポリマーは、ケミカル製品の開発の中から生まれた技術だ。

しかし、日用品メーカーがケミカル事業を展開している事例は、世界でも稀である。同様に、味の素のように、アミノサイエンスを基軸に進化し続けている食品メーカーは世界に例がない。

クロス・カプリングが成立しにくいのはなぜか。大きく3つの要因が挙げられる。

第一に、「サイロ病」。組織間の壁が厚すぎて、連携が図れない。それぞれの組織が自己最適化という名の部分最適化に走る。コングロマリット化している大企業に巣くう病魔である。

もちろん、経営側もその弊害はよく理解している。コーポレート機能を司るCXO（CFO、CHRO、CDOなど）を配して全体最適への是正を試みるが、それだけでは事業責任を負う事業部門の自己最適化の動きを是正することはできない。

縦の事業間を連携させる横断的な事業組織を立ち上げる試みも、少なくない。しかし、その多くは、縦と横の利害調整に明け暮れる典型的なマトリクス病に陥るか、縦が手掛けていない「落穂ひろい」に追いやられ、結局新たな弱小「縦事業」にとどまってしまう。

第二に、「二流病」。「異結合」によるイノベーションは、一流同士の間でなければ成立しない。片方の事業が一流であっても、もう一つが二流であれば、〈一流×二流＝二流〉にしかならない。社内に足を引っ張られるより、社外の一流企業と他流試合をした方が、はるかに実りが多いのである。

より悲惨なのは、「二流同士」の異結合である。筆者はこれを、〈二流×二流＝四流〉と揶揄している。冗談のようだが、そのような光景をよく見かける。最近では特に、「パーパス」という全社共通の北極星を掲げて、社内で二流の技を重ねあっている企業が増え始めているのは、「パーパス経営」の提唱者としては大変気がかりである。

第三に、「同化病」。「異結合」は、本来異質なもの同士が結合することによって化学反応を起こすことが狙いだ。しかし、自社の中では、思考や行動が同質化することにより「同じ穴のムジナ」になってしまいやすい。それでは異結合ならぬ「同結合」でしかなく、イノベーションを創出できなくなる。

そこで、外にスピンアウトして外部化を図るか、逆に内側に取り込んで同質化を図るか、という二者選択に走りやすい。

はじめからシナジーが見込まれない場合はもちろん、たとえシナジーが見込まれても、外部市場にこそ成長の余地があれば、前者を選択する企業は少なくない。たとえばデンソーは、トヨタの電装品開発部門が独立したもの。今やトヨタグループ以外との取引が過半数を占める。同様にファナックも、もともとは富士通の数値制御事業が独立したものだ。

一方で、社内に取り込まれると、甘えの体質がはびこりやすい。たとえばオムロングループ内の自動車電装部門や、三菱重工の工作機械子会社。いずれも長らく赤字体質からぬけだせなかったが、ニデックの傘下に入って独立したとたん、1年で10％以上の営業黒字を計上するまでに急成長している。

経営の規律や覚悟がないなかでの社内クロス・カプリングは、シナジーという名の幻想を追い求めるだけに終わる。そして、資本市場では確実に、「コングロマリット・ディスカウント」にさらされることになる。

成功の法則――未市場×未能力

では、クロス・カプリングを成功させるための最大のカギは何か。

それは「未来」に照準を合わせることである。現状の延長線ではなく、未来の「ありたい姿」を構想する。これこそが、「パーパス」の本質である。それと同時に、単に夢想するだけでなく、自分たちの能力を、その未来の実現に向けて磨き上げ続けることである。

言い換えれば、「未市場」と「未能力」を掛け合わせることによってはじめて、「異結合」による進化が始動するのである。

シュンペーターもドラッカーも、イノベーションを「市場創造」（マーケット・アウト）と定義している。未来の技術や、新製品や新事業（プロダクト・アウト）ではなく、未来の「市場」を創造できなければイノベーションとは呼べない。そしてそのためには、今の能力を未来に向けて大きく変換しなければならない。その際に、不足しているものは、外から獲得する必要がある。

その場合、社外に目を向けた方が、選択の幅が大幅に広がる。今流行りの「オープン・イノベーション」である。しかし、このような他社間のオープン・イノベーションの成功事例は、世界的に見ても数えるほどしかない。

詳細は拙著『経営改革大全』（日本経済新聞出版、2020年）をご参照いただきたいが、その多くは前述した「二流×二流＝四流」を他社との間でも仕掛けているためである。また、たとえ一流同士の異結合であったとしても、異なる企業間で、同じ未来を描き、能力を磨き続けるという不断の努力を続けることはきわめて困難だからである。

オープン・イノベーションは、未来に向けて、一流の能力を磨き続け、さらにそれらを掛け合わせ続ける「覚悟」（コミットメント）が、双方に問われる。そのような関係性は、志（パーパス）や信念（ビリーフ）を一体化した企業体のなかでなければ、実現することは難しい。

たとえば、例外的にオープン・イノベーションを生み出し続けているファーストリテイリングと東レとの関係を、ファーストリテイリングの柳井正社長は、「バーチャル・カンパニー（一体化した企業連合）」と呼んでいる。

緊密な共創（タイト・コラボレーション）を生み出すためには、オープン・イノベーションよりＭ＆Ａが確実だ。たとえば村田製作所は、飛び地ではなく、周辺領域での技術獲得や販路拡大を主眼としたＭ＆Ａを仕掛けている。同社ではこれを「にじみ出し」戦略と呼ぶ。

味の素や花王のように、パーパスやビリーフを共有している同一企業内で、一流、かつ異なる能力を持ち合わせていれば、社内オープン・イノベーションを生み出すことができる。したがって、先述した「頭足（オプト）型」や「二天（ムサシ）型」企業も、事業間の創発関係を構築できれば、クロス型へと大きく進化していけるはずだ。

本章のポイント

進化の第3類型が、「異結合（クロス）」型である。自社内の異なる事業や資産を結合させることで、イノベーションを生み出すことを指す。

「頭足（オプト）」型と称して異質な事業を抱えるだけのコングロマリット経営では「コングロマリット・ディスカウント」の対象となってしまう。一方、これらの間にシナジー効果を生み出すことができれば、「コングロマリット・プレミアム」が期待できる。

ただし、その道は険しい。それぞれが異質、かつ、一流でないかぎり、真のイノベーションは生み出しえないからだ。そしてそのような事業を複数抱えている企業は、一握りしか存在しない。今回のトップ50社のなかでも、味の素と花王の2社だけだ。

そこで多くの企業は、他社との異結合、すなわちオープン・イノベーションに望みを託す。しかし、自社の資産が一流でない限り、一流の異結合は生み出しえない。二流同士のオープン・イノベーションが生み出すゴミの山が、あちこちにできているのが実態である。

異結合型進化を目指すためには、未来の市場と、それを創出するための未来の能力についての洞察が不可欠だ。そしてその未来の市場と能力を獲得するためには、既存の資産をずらしていかなければならない。ここでも前述した「軸旋回（ピボット）」運動がカギを握るのである。

そのような未来の一流資産を自社のなかで複数持つことができて初めて、自社のなかで「異結合（クロス）型」のイノベーションを生み出すことができる。事業間の「足し算」ではなく「掛け算」へと進化するのだ。

しかし、自社内の内向きな「異結合」だけでは、自社の資産以上にはスケールしない。他の一流企業との異結合を目指す方が、はるかに大きな成果につながる。

事業間シナジーという幻想を安易に求める前に、まずは独自性の高い資産を磨き続けなければならない。そのためには、第5類型として後述する「深耕（カルト）」型の進化が必須となる。そうすれば、一流の他社との「異結合」を通じた10X（10倍）型のイノベーションを生み出すことができるようになる。

「異結合（クロス）」型進化を生み出すためには、自社ならではの資産の進化が必須となる。言い換えれば、「異結合（クロス）」型を目指す前に、それぞれの事業群の「軸旋回（ピボット）」、そして「深耕（カルト）」型への進化が必須なのである。

第4章 脱構築（デコン）型

若返りの名手

デコンストラクション（脱構築）とは

さて次に、「脱構築（デコン）型」を取り上げたい（図12）。

「脱構築」はデコンストラクションの略。フランスのポストモダン哲学の旗手であるジャック・デリダが唱えた思考法である。

「解体（Destruction）」が破壊的で否定的なニュアンスを持つのに対して、「脱構築（Déconstruction）」は古い枠組みを破壊したうえで、新たな枠組みを生成することを意味する。言い換えれば、シュンペーターがイノベーションの本質として提唱する「創造的破壊（Creative Destruction）」そのものだともいえよう。

ただし、それは、ゼロベースの「新構築」を意味するものではないことに留意する必要がある。それでは、新しいSカーブをゼロから立ち上げるだけの「蛮勇」でしかない。ダブルSカーブとして前述した通り、進化はゼロベースから始まるのではなく、従来の構造の組み替えによって、次世代成長を実現していくのである。

経営の世界では、ハーバード・ビジネススクールの故クレイトン・クリステンセン教授が唱えた「破壊的イノベーション（Disruptive Innovation）」が、一世を風靡した。しかし、単なる破壊では、何も生まれない。既存のアセットを組み替えることで、新しい価値を生み出すことこそが、創造的破壊の本質である。

破壊的イノベーションを目指して、勇ましく「自己破壊（Self-Destruction）」に走ることは、自殺行為に等しい。そのような企業は、既存のSカーブにしがみつく企業と同様、新興勢力に駆逐されるだけである。

一方、「両利きの経営」と称して、既存事業の深化と新規事業の探索を並行して進めている企業も、本質的な進化から逃避しているにすぎない。創造的破壊は、既存の枠組みを組み替える勇気と知恵を必要とするからである。

では「脱構築」は、どのように実現すればいいか。ここでも、ジャック・デリダが唱える「差延（différance）」という思考法がヒントとなる。

図12　④脱構築（デコン）型

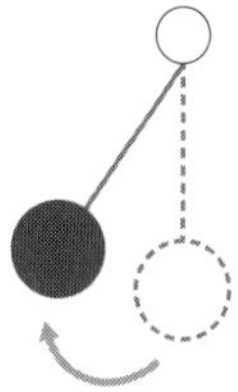

出所）筆者作成

フランス語の動詞 différer は、「異なる」と「延期する」という2つの意味を持つ動詞である。その名詞形の差異（différence）をもじった造語が、差延（différance）だ。

そこには、空間軸（構造）と時間軸（生成）が巧みに織り込まれている。空間的な差異（微分）が、延期、すなわち時間的な蓄積（積分）となって脱構築を実現する。言い換えれば、構造上の「ゆらぎ（差異）」を「つなぎ（結合)」あわせることで、「ずらし(創発)」を生み出す。この「ゆらぎ・つなぎ・ずらし」は、後述するように、生物が進化する運動そのものでもある。

簡単に言えば、「こわす(破壊)」ことでも「おこす(新生)」ことでもなく、「ずらす(差延)」こそが、脱構築の本質なのである。

変身(外発)ではなく、変態(内発)

脱構築(デコンストラクション)のもう一つの本質は、内部から中身そのものを組み替えることである。これは「イノベーション」の語源が、「in(内側)+novate(新しくする)」であることとも通底する。イノベーションは外発、すなわち外部環境変化からではなく、内発、すなわち内部資産の組み替えから生まれるのである。

脱構築は、原型をとどめないほど大進化をもたらす。外見だけを見ると「変身」したかのようである。しかし、単に変身しただけではない。なぜなら中身そのものが、質的に進化しているからだ。そのような変化を、生物学では「変態(metamorphosis)」と呼ぶ。

変態とは、動物が生育過程において形態を変えることを指す。たとえば、昆虫は、卵から孵化して幼虫になり、さらに蛹化して蛹《さなぎ》になり、そこから羽化して成虫になる。このような段階を辿るケースを「完全変態」と呼ぶ。

一方、脊椎動物でも、両生類は変態によって幼体から成体に生まれ変わる。えら呼吸をするおたまじゃくしから、尾を切り離し、やがて肺呼吸をして陸に上がるカエルは、その典型だ。また、爬虫類の蛇は、変態とまではいわないまでも、「脱皮」を繰り返すことで成長している。哲学者のニーチェは、「脱皮しない蛇は死ぬ」という警句を残している。

ところで、変態と変身の違いを、ご存じだろうか。

「変身」といえば、筆者の世代は、仮面ライダーかセーラームーンを想起する。少し前の世代だと、さしずめ、電話ボックスでスーパーマンに変身するクラーク・ケントといったところだろう。一方、ＭＺ世代でいえば、プリキュアやコスプレあたりか。

変身は、英語でいえば「disguise」、すなわち擬態である。外側は偽装していても、内側は元のまま。いわば、仮の姿である。

すると、フランツ・カフカの愛読者からは、中編小説『変身』では、主人公ザムザは中身まで巨大な虫になってしまっているではないか、という疑問の声が聞こえそうだ。しかし、原題のドイツ語は「Die Verwandlung」、英訳は「The Metamorphosis」、いずれも「変態」という意味である。「変身」は誤訳であり、ザムザは虫に「変身」したのではなく、「変態」してしまったのである。

言葉の意味を正確に理解することは、物事の本質に迫るうえで、きわめて重要である。「進化する」の英語、「evolve」の語源も紐解いてみよう。ex（外）とvolvere（転がる）を合成した言葉である。翻って、「巻いたものを広げる」という意味が込められている。

すなわち、進化とは、そのもの自体の内側に織り込まれていた未来の姿が、実態となって表出することである。いくら外見を変身させてみたところで、それは進化とは呼ばない。内奥が表出していく変態こそが、進化の本質なのである。

長寿企業のなかには、脱構築（デコン）型が少なくない。

たとえば、中川政七商店。1716年に奈良で生まれた300年超の老舗企業だ。創業以来、長らく手績み手織りの麻織物の商いを続けていたが、2008年、第13代目社長に就任した中川淳氏が、工芸品の製造小売（SPA）業へと大きく舵を切った。

その後、10年足らずで、同社の売り上げは10倍以上に成長、2015年度にはポーター賞に輝いた。同賞の運営委員の一人でもある筆者は、その戦略の卓越性もさることながら、中川氏が就任以来、「日本の工芸を元気にする！」という崇高な志を掲げている点に、強く感銘を受けた。

そのパーパスを実践すべく、稼業と並行して、日本の老舗工芸品メーカーへのコンサルティングを開始。今ではさらに、事業領域を教育や地域活性にも拡大している。2018年に、社長業を初めて創業家以外の社員出身者である千石あや氏に引き継いだ13代目（現会長）は、「産業観光」を手掛け始めた。13代目によれば、産業観光とは、「人がものづくりの現場を旅して、産地の食や文化丸ごと工芸の魅力に触れる新しい観光のかたち」を指す。現在は、その第一歩として、地元奈良のリブランディングに力を入れている。

ただし、同社は上場していないため、今回のPBRランキングには登場していない。そこで、脱構築（デコン）型のケーススタディとしては、ロート製薬を取り上げることとしたい。

事例❹

ロート製薬

ロート製薬の創業者・山田卯之吉（後に安民と改名）氏は、中川政七と同じ奈良県の宇陀地区に生まれた。ここは、古くから薬草栽培で知られており、山田氏は、健康課題の解決を経営の基軸において、1899年にロート製薬を創業した。

最初に、食生活の変化に伴う胃病に対処するために、「胃活」という胃薬を手掛ける。創業10周年の1909年には、当時流行していた結膜炎に対処するために目薬を展開。それから100年以上たった今も、「パンシロン」と「V・ロート」というブランド名で、同社の代表的なブランドとして君臨している。特に目薬は、日本で40%を超える市場シェアを誇っている。実は筆者も「V・ロート」には、毎日お世話になっている。

しかし、現在の同社の売上高のなかで、内服剤とアイケア商品が占める割合は、それぞれ約10%と約20%にとどまる。同社が「製薬」という名の「制約」を、脱構築することに成功したからである。

その発端は、1988年にさかのぼる。3代目社長の山田安邦氏が、それまでライセンス提携をしていた米国メンソレータム社を買収したのだ。それ以来、スキンケアと海外事業に大きく進出、スキンケアは売り上げ全体の約3分の2、海外事業も全体の4割強にまで成長している。

そして創業100周年の1999年に、山田邦雄氏が4代目社長に就任。そこから同社の脱構築が加速していく。第3の柱であるスキンケア分野では、2001年には「オバジ」を独自開発して販売、２００４年には自社開発の「肌ラボ」シリーズを投入。前者は高濃度ビタミンC、後者はヒアルロン酸を使うことで、肌の保湿力を高めるなど、機能性を訴求することで、大ヒット商品となった。１９９９年から２０２３年までに全社売上高が約4倍になるなど、この第３の柱が同社の急成長を牽引したのである。

ロート製薬のＰＢＲは、調査時点で3倍を大きく超えている。１００年を超える企業のなかでは、6位という高位置につけている。

NEVER SAY NEVER

ロート社員が大切にしている信念は、「NEVER SAY NEVER」。２０１6年にコーポレート・スローガンとして掲げられたものだが、１００年以上、脈々と受け継がれてきたロートのＤＮＡだ。

そこには、「絶対にあきらめない」という思いが込められている。胃腸薬、目薬と、いずれも、日本初のマス商品に育て上げてきた。スキンケア領域では後発でありながら、医薬で培ったサイエンスの力をテコに、次々にヒット商品を繰り出してきている。

そこで一貫しているのは、筆者が「スマート・リーン」と呼ぶ戦略だ。スマート、すなわち付加価値が高く、かつ、リーン、すなわち顧客にとってのコストが徹底的に低い。

スキンケア商品という第3の柱においても、スマート・リーンを徹底している。商品開発においては、「N1マーケティング」手法を採用。従来のマーケティングでは大量のデータをもとに消費者動向を分析するのに対して、ロートでは、特徴的な一人の顧客に注目して、エッジの立った訴求価値を追求している。また、ドラッグストアという新たなチャネルの躍進に照準を合わせるとともに、顧客の「買い場」におけるストレスを減らす工夫を凝らしている。

最近のインタビュー（テレビ大阪「関西リーダー列伝」2023年7月30日）で、山田邦雄会長は、子供のころから、祖父の2代目社長・山田輝郎氏から、「人がやらないことをやれ」と言われ続けた、と述懐している。もっとも、そのときには「よく考えてからやれ」という一言も、添えられていたそうだ。

独自性にこだわりすぎる結果、失敗も少なくない。「成功と同じ数だけ失敗している」と、「くにおさん」（ロート製薬で使われるニックネーム）は語る。しかし、失敗から学び、必ず成功をつかみとる。それが、「NEVER SAY NEVER」の精神である。

同社のホームページでは、「NEVER SAY NEVER」に込められた思いを、山田邦雄会長と杉本雅史社長が、次のように説明している。

「直訳すると『不可能は絶対にない』という意味ですが、これは決して〝ど根性〟で仕事に励む、という意味ではなく、その先の幸せ、誰かのために困難にも当たる覚悟を持つという宣言です」

〝Never Say Never〟は、世代を超えて人気があるジャスティン・ビーバーの名曲のタイトルでもある。また、乃木坂46も、最近、同名の新曲をリリースした。先が見えない現代において、〝Never say never〟は、万国共通のキーワードになり得る。

２４０年以上前に創業した武田薬品工業は、企業理念のなかに「不屈」を謳っている。社員が半分以上グローバルな会社になったときに、これを英語でどう表現するかという議論になった。結局「perseverance」と訳しているが、〝Never say never〟でもよかったかもしれない。いずれにせよ、創業者が同じく奈良生まれ、大阪育ちの製薬会社であるロート製薬と武田薬品工業のスローガンには、時空を超えた共進性が感じられる。

美と健康を異次元へとつなぐ

ロートは、2019年に、ロートグループ総合経営ビジョン2030として「Connect for Well-being」を掲げた。ホームページでは、「一人ひとりを、社会を、もっともっと健康にしていくために、社員一同決してあきらめない決意で常識を超えるようなユニークで新しい商品やサービスを生み出し、世界中に美と健康を届ける努力をし続けてまいります」と宣言している。

その取り組みは、大衆薬品や化粧品の枠を大きく超え始めている。たとえば、2013年から再生医療の研究をさらに加速すべく新たな部門を設立。同社が開発した幹細胞自動培養装置は、再生医療の可能性を一気に広げるイノベーションとして、期待されている。

食の領域においても、存在感を高めている。同じ2013年に、アグリファーム事業部を設立し、石垣島で循環型農業を開始した。翌年には、創業者の出身地、奈良県宇陀市で、100%出資子会社「はじまり屋」を創設し、有機野菜の栽培に取り組んでいる。

さらに2023年には、梅田茶屋町で、美味しく健康的で、サステナブルな食事を提案するカフェ&レストラン「ロートレシピ」を運営している。店のコンセプトは、「おなかの底から元気になれる」だ。筆者もランチを山田会長とご一緒したが、とてもオシャレな空間に女性客があふれていた。背広姿の60代の男性二人の姿は、さぞ異様に映っていたことだろう。

「ハッピーに100年美しく生きられる時代」を創りたい、と山田会長は語る。そのためには、医薬品や化粧品だけでなく、食の世界に事業領域を「ずらし」ていくことは、むしろ進化の自然な姿なのである。

キーワードは「つなぐ」だ。美と健康を未来に「つなぐ」。そしてその実現のためには、社員自身が、社内、さらには社外とも、つながっていく必要がある。

山田会長は、同社のホームページで、「社員の志を社内外へと『つなぐ』ことによってロート製薬の未来がつくられる」と語っている。そして、企業と個人の「共成長」によって未来が拓かれていく。これこそ、ロート流進化経営の極意である。

山田会長は、次のように語っている。

「（大手ではない）うちが勝っていくには機動力とか戦略の独自性とかで勝負せざるを得ない。そうなるとみんながその気になることと、チームとしていかに機能するかが成功のカギになるんです」（『日経ビジネス』2023年2月13日号）

山田会長の言葉にある通り、「一人ひとりのやる気」と「チームとしての一体感」

こそが、ロートが常に異次元の進化に挑戦する原動力となっているのである。

「複業」が拓くパラレルワールド

ロートでは、社員の自律性を高めることの一環として、2003年から「ARK（アーク）プロジェクト」を定期的に実施してきた。ARKとは、「明日（A）のロート（R）を考える（K）」の略。部門や世代を超えた有志社員が集まり、その時々の経営課題に対し、経営層に提案を行うプロジェクトだ。

そのARKの提案がきっかけとなって、2016年から、社外での副業と社内兼業が仕組み化された。ロートでは、前者を社外チャレンジワーク（「複」業）、後者を社内ダブルジョブ（兼務）と呼ぶ。日本では最も早い試みである。

いずれも「手挙げ制」だ。社外チャレンジワークの実践者は、2023年3月時点で、144人に上る。終業後の時間やウィークエンドを活用して、思い思いの仕事に携わる。プログラミング教室の運営や料理教室の立ち上げ、行政の戦略顧問など、携わる業界も業態もさまざまだという。

山田会長は、その決断に踏み切った思いを、次のように語る。

「社員は、いろんな仕事をするほど経験値が増えます。失敗もするだろうけど、成功もする。その中で成長するし、自分のやりたいことをやっていけば意欲も増す。それが大事だけど、会社というものが用意できる経験の場はどうしても限られます。副業や兼業を認めていったのも、その方が会社にとってもいいからと判断したからです」（前掲『日経ビジネス』）

最近（2023年6月）まで取締役CHROを務め、現在は同社の戦略アドバイザーの髙倉千春氏は、社外チャレンジワークは「なんでもやってみようという実験力をつける」と語る。そして、同社のホームページに次のようなコメントをよせている。

「会社が成長機会を阻害せずに、社員の意思でさらなるキャリアをデザインするきっかけとなっています」

キャリア型という第3の道

この「自律的にキャリアを形成する個人を応援する」ことこそ、ロートの人財戦略の真髄である。日本では、メンバーシップ型からジョブ型への転換が唱えられている。しかしロートは、そのどちらにも与しない。

確かに、社員を会社の所属物かのように扱う従来のメンバーシップ型は、とっくに賞味期限が切れている。副業に踏み切れない企業の多くは、社員が本業に真剣に取り組まなくなることを恐れる。しかし、自由時間に何をするかは個人の自由であり、企業がそれをコントロールしようとすること自体、人権蹂躙である。副業を禁じるような時代錯誤な企業は、自己研鑽心の高い人財からは、ノーを突き付けられるようになるだろう。

一方で、ジョブ型と称して、業務内容やレベルを切り分け、それにあった人財をはめ込もうとする企業も、時代に逆行している。そもそも欧米ではジョブ型などと呼ばない。業務（タスク）を明確にしてはいるが、そこに「適所適材」と称して刹那的に人財をはめ込もうとする（日本でいうところの「ジョブ型」）経営は、欧米においても、とっくに時代錯誤の烙印が押されている。なぜか。

社員にとっては、タスクをこなすという微分的な義務感ではなく、いかにキャリアを積み上げるかという積分的な成長感こそが、「働きがい」の源泉となるからだ。タスクにはめ込もうとする企業には、優秀人財は定着しない。自分が磨き上げたスキルをより高く評価してくれる企業か、新しいスキル獲得の機会を提供してくれる企業に移っていくからだ。

メンバーシップ型もジョブ型も、しょせん、企業目線でしかない。社員目線に立てば、自分の志を基軸にキャリア形成が可能な「キャリア型」こそが、望ましい仕組みである。「キャリアクラフティング」とでも呼ぶべきダイナミズムだ。

ロートは、この「キャリア型」に磨きをかけつづけることによって、社員と会社の共進化を実現しているのである。

ところで、ＣＳＡ賞という名前を耳にされたことはあるだろうか。

ＣＳＡとはCareer Select Abilityの略語。社員がキャリアを自由に選択できる、という意味で、若者の仕事を通じた成長支援をパーパスに掲げるエン人材教育財団の越智通勝理事長の造語である。

同財団は、4年前から、毎年、20代にすすめたい「次世代人材」創出企業をＣＳＡ賞として表彰している。筆者も選考委員の一人だ。

これまでも、オイシックス・ラ・大地（第1回）やボーダーレス・ジャパン（第3回）などの新興企業に交じって、資生堂（第1回）やユニ・チャーム（第2回）などの老舗企業も受賞している。

4回目の2023年には、ロートが受賞企業の1社に選ばれた。「キャリアクラフティング」を実践する同社は、まさにこの賞にぴったりの企業である。

DACOモデルへの進化

自律型人財は、次世代に向けた進化の原動力となる。しかし一方で、社員が思い思いに社外でチャレンジし続けると、遠心力だけが高まってしまう。ロートとしての次世代に向けてスケール感のある成長を実現するためには、個々の社員の想いを、同じ方向に「つなぐ」ことが必要となる。先の山田会長のコメントの後半、すなわち「チームとしての一体感」がカギを握る。

そのために、ロートでは、いくつかの仕組みが準備されている。たとえば、前述したARKは、若手有志が会社全体の経営課題を論じる場となる。また社内ダブルジョブについて、「一見関連性がない業務でも、互いの部門で得た知識や経験を活かす過程で、一人ひとりの仕事の価値が高まる相乗効果が期待できる」と、髙倉氏は語る。

「One チームロート」という組織横断型の取り組みも、いたるところで進められている。その見事な成功例が、スキンケアのトップブランドとなった「肌ラボ」の開発ストーリーだ。

キャリア入社1年目で商品企画担当となった「むらもっちゃん」こと村本由理さんが、ドラッグストア巡りをしながら、「成分コスメ」という新ジャンルの可能性を思いついたことが、コトのきっかけだ。さっそく、研究開発やマーケティング&コミュニケーションのチームが一体となって取り組み、半年で発売にこぎつけることができた。若手の新鮮な発想と、各部門の深い知見が「つながる」ことのパワーが、見事に炸裂したケースである。

前述した通り、ロートは「Connect for Well-being」をキーワードに掲げている。具体的には、3つの「つなぎ」が目指されている。事業間のつなぎ、社内外の組織のつなぎ、そして、人と人との「つなぎ」だ。

Web3の時代の到来とともに、「DAO」が次世代の組織モデルとして注目されている。Decentralized Autonomous Organization、つまり「分散型自律組織」である。しかし、それだけでは、それぞれの思いが発散するだけとなってしまう。イノベーションに向けて「異結合」を仕掛けるためには、自律分散するだけでなく、それらを「つなぐ」仕掛けが必要となる。そのような創発型の組織モデルを、筆者は「DACO（Decentralized Autonomous Connected Organization）」と呼ぶ。この点は、終章で改めて論じることとしたい。

ロートは、このDACOモデルをテコに、創業から124年経った今なお、非連続に進化し続けようとしている。

失敗の本質——突然変異という幻想

脱構築（デコンストラクション）という言葉は、不思議な魔力を持つ。特に、事業や経営に行き詰まると、これまで積み上げてきたものは捨てて、新しい道を目指したくなる。

しかし、これは死に至る病である。たとえば、デジタル化の波にのまれて、アナログ事業を捨てて光学事業に思い切り舵を切ったコダックは、リストラの最中にあえなく倒産した。

一方、本業を「高機能化学事業」と読み替えた富士フイルムは、本業の強みを「ずらし」て医療や電子部材という新しい鉱脈を掘り当てた。一方、一段とコスト競争力を高めたアナログ・フイルム事業は、インスタントカメラのチェキ向け写真フィルムや、データーセンター向けのマグネットテープ需要高騰によって、息を吹き返している。

「突然変異」にすがりたくなる気持ちは、わからなくはない。しかし生物の世界で、突然変異が起こる確率は1遺伝子当たり10万分の1～100万分の1程度。しかも、それが生存にプラスになる保証はない。

もちろん、放射線や化学物質の影響によってこの率を上昇させることは可能だ。しかし、マイナスの影響も桁違いに高い。また、体細胞は外科手術で突然変異（先述した「変身」）を起こせるが、生殖細胞と違ってその変異が次世代に伝わる（先述した「変態」）ことはない。

生物の進化は、突然変異によるものではなく、「ゆらぎ・つなぎ・ずらし」というリズムを繰り返すことでもたらされる。この点も、終章で、改めて論じることとしたい。

非連続な変化の波に飲み込まれたとき、パニック状態に陥りやすい。そして、我を忘れて何とかその波に乗ろうとする。すると次の波にまたのみ込まれることになる。

たとえば、デジタル革命の大波。あわててリアルからバーチャルに乗り換えた企業は、ごみのように藻屑となって消えていく。一方、ウォルマートやファーストリテイリングのように、デジタルのパワーをうまくアナログの世界と融合させて、独自の強みに磨きをかけていくことができれば、変化を進化のチャンスとして取り込むことが可能になる。

あるいは、サステナビリティ革命の大波。自社の強みに背を向けて環境課題や社会課題に取り組もうとすると、自社のサステナビリティ（持続可能性）が危うくなるという本末転倒な結果をもたらす。

最近猛威を振るっているのが「人的資本」病だ。「働き方改革」「幸福経営」「リスキリング」などという表層的な流行に流されて、「ヒトに優しい企業」に突然変異を図ろうとする企業が後を絶たない。「働きがい」「責任経営」「自律的学習」という本質的な強みに立ち返らない限り、日本企業の「成熟という名の衰退」は歯止めがかからないだろう。

成功の本質――DNA螺旋の解読

では、正しい脱構築に向かうには、どうすればいいか。

最初にして最大の要所は、自社のDNAの読み解きである。そのためには、まず、そもそもDNAとは何かをしっかり定義する必要がある。DNAとは遺伝子のことである。生物を生成させる際の設計図の役割を果たす。

「そもそも、生物でもない企業に、なぜDNAがあるのか」という質問を受けることがある。確かに日本にいまだに多く生息している「ゾンビ企業」には、いくら解剖してもＤＮＡが見当たらないことがある。まさに死んでいる状態だからだ。生きている組織であれば、かならずＤＮＡを持っている。

ここで言うＤＮＡとは、その企業に長期にわたって共有され、受け継がれている志（Purpose）や信念（Belief）、そして行動原理（Principle）を指す。本書で取り上げているような長寿企業には、必ず脈々と息づいている。新興企業にとっても、独自のＤＮＡをいかに構築するかが、持続的な進化を目指すうえで、死活の課題となる。

ここで留意しなければならないのは、進化する企業のＤＮＡは、生物同様、二重螺旋構造をもつ、ということだ。１つは、自己復元機能、すなわち自分らしさを受け継ぎ、守り抜く機能である、もう一つは、自己変革機能、すなわち非連続な未来に挑み、自分自身を刷新し続ける機能である。筆者は前者を静的（Static）ＤＮＡ、後者を動的（Dynamic）ＤＮＡと呼んでいる。詳細は、拙著『学習優位の経営』（ダイヤモンド社、２０１０年）を参照していただきたい。

進化にとっては、この2つのＤＮＡが重要な役割を果たす。静的ＤＮＡがない企業は、変化の波に流されるだけだ。免疫機能をもたない生物は、外部からの攻撃に無防備となる。一方、動的ＤＮＡを持たない企業は、変化の波に取り残される。進化できない企業は、あっという間に朽ち果てるか、ゾンビになって化石のように生き残るしかない。

脱構築のためには、もちろん動的DNAが必要だ。しかし、それだけでは十分条件とはならない。むしろ、脱構築が失敗するのは、静的DNAが十分に働かないときである。

脱構築は、自社の資産を構造的に再編集する作業である。その際に、自社の独自のこだわりや強みを破壊してしまうと、ゼロスタートどころか、過去の負債を抱えてしまうので、マイナススタートにすらなりかねない。脱構築では、静的DNAの見極めこそが、カギを握るのだ。

たとえば、2007年1月、アップルは社名から「コンピュータ」を取ることを発表。初代iPhoneを公表したタイミングだ。コンピュータ会社という狭い枠組みからの脱構築を宣言したのである。

しかし、新生アップルにも、1976年の創業以来の静的DNAが脈々と息づいている。それは、「使い勝手（Ease of Use）」、「Simplicity」などへの徹底的なこだわりだ。そこに、「Think Different」、「Get Out of Box（箱から出ろ）」という動的なDNAを異結合させることこそが、アップルならではの進化の方程式なのである。

同様に、ロートも、「生活者の課題に真摯に向き合う」「科学の力で解決する」という創業当時からの静的ＤＮＡを、１２４年間、貫き通している。一方で、生活者の課題も、科学の力も時代とともに進化する。そこで「人がやらないことをやる」という動的ＤＮＡを発揮させることで、他社に先駆けて非連続な進化を目指し続けているのである。

ロート製薬も、何年か後には、社名から「製薬」をとってしまうかもしれない。だとしてもなお、ロートならではの脱構築を仕掛け続けていくはずである。

本章のポイント

進化の第４類型が「脱構築（デコン）」型である。既存の事業や資産を組み替えることによって、大きな変貌を遂げることを指す。

ただし、それは破壊でもなく、新生でもない。自らの内奥から新しい可能性を紡ぎだすことである。うわべだけの「変身」ではなく、実体を伴った「変態」でなければならないのである。

そのためには、自社のなかに織り込まれたＤＮＡの螺旋構造がカギを握る。自社らしさにこだわる静的ＤＮＡと、新しいものを取り込もうとする動的ＤＮＡを読み解き、それらをバランスよく機動させなければならない。

組織には、学習と脱学習の不断の反復が求められる。そのような運動を通じて、「ゆらぎ・つなぎ・ずらし」という生命の進化のプロセスを企業のなかに取り込むことができるはずだ。

脱構築の主役は、若い世代である。彼ら・彼女らが、伝統のなかから革新を紡ぎだすことを、全社を挙げて支援していかなければならない。そのようなダイナミクスを生み出すことができれば、企業は年齢とともに老化するのではなく、ますます若返るようになる。それこそが、何世代にもわたって進化し続ける生命の知恵でもある。

第5章 深耕（カルト）型

足もとに泉湧く

カルト（深耕）とは？

さて、最後の類型として、「深耕（カルト）型」を取り上げよう（図13）。「耕やす」を意味する英語、カルチベートの略だ。それにカルト集団の「カルト」を、重ね合わせた造語である。

他の4つの類型との違いは、一意専心、本業を貫き通していることである。一見、単調な成長のようだ。進化というよりは、ひたすら同じところにとどまっているようにも見える。「カイゼン」を積み重ねているだけで、非連続なイノベーションからは程遠いようにも感じられる。序章でも触れたように、本書の端緒となった『日経ビジネス』の特集では「業態変革」に着目したため、完全に見落とされていたものだ。

しかし、今回あらためて分析してみると、超進化企業トップ50社のうち半数以上が、この類型に属している。本業の深掘りこそが、進化の王道であることに気づかされる。「深化」が「進化」につながる。まさに「灯台下暗し」のような話である。

もう少しオシャレ（?）にいうと「青い鳥症候群」といったところか。こちらはご存じ、モーリス・メーテルリンク作の童話『青い鳥』からきている。主人公のチルチルとミチルが幸せの象徴である青い鳥を探しに行くが、幸せの青い鳥は意外と身近にいることに気づかされる、という物語である。

これを「青い海」にたとえると、何回か触れた「ブルーオーシャン症候群」とも重なってくる。足もとのレッドオーシャンの周りの「パープルオーシャン」にこそ、その企業ならではの未来の可能性が潜んでいるのだ。

そしてこちらも何度も繰り返している通り、「両利きの経営」論の最大の死角でもある。既存事業の深化と、新規事業の探索というデジタルな発想では、永遠に進化を手にすることはできない。

二兎を追うもの、一兎をも得ず。むしろ一兎を追い続けることで、ウサギの群れに遭遇するのである。

図13　⑤深耕（カルト）型

出所）筆者作成

井戸掘り経営

一カ所をあきらめずに深掘りしていけば、いずれ新しい鉱脈や水脈にたどり着く。ニデックの永守重信会長は、それを「井戸掘り」経営と呼ぶ。詳細は、拙著『稲盛と永守』を参照いただきたい。

永守会長は、幹部研修の際に、次のような話をする。

子供の頃、母親は自分を背負って、毎朝、井戸に水汲みにいった。自分は、そんなに汲んだら水がなくなってしまわないのかと、母親に尋ねた。すると母親は、「水は溜めておくと古くなるだけや。汲めば汲むほど、新しい水が湧き出るんや」と答えた。翌朝、井戸の中をのぞくと、確かに水はまた満タンになっていた——。

経営も同じだ。現状に満足することなく、貪欲に新しいことに挑戦し続ければ、アイデアはまさに井戸の水のように湧き出し続けるのである。逆に、次々にくみ上げない限り、新しい水は出てこない。常にくみ上げ続けるから、出てくる。これだけのアイデアを出したから、もう終わりということはない。くみ上げ続けるのが大事ということだ。

まさに、ニーチェの箴言「汝の足元を掘れ、そこに泉湧く」(『悦ばしき知識』)を、経営の現場で愚直に実践しているのである。

ニデックは、2023年、創業50周年を迎えた。売上高は2兆円を突破、2030年には10兆円を目指している。国内外あわせて73社を買収、すべてを成功させるという神業的な実績を誇る。

事業領域は「モーター」に絞り込んでいる。その適応領域は、ハード・ディスク・ドライブ、スマホ、家電、産業機器、ＥＶと、多岐にわたる。まさにモーター一筋で、世界トップの座をつかんだ。しかも、モーターの市場は、医療機器、ロボット、空飛ぶ車など、今後とも指数関数的に広がっていく。

極めつきは、いずれ我々の体のなかにも超小型モーターが埋め込まれていくという未来像だ。再生細胞で老化を克服したとしても、いずれ関節や心臓の弁、脳の諸機能などは劣化していく。そこに超小型モーターが実装させるとなると、とてつもなく大きな新市場が広がってくる。ＡＩの先にＡＨ（Augmented Human：強化人間）の時代が訪れることも夢ではない。

進化の王道

今回のＰＢＲランキングでは、ニデックをはるかに凌ぐ企業が名を連ねている。しかもトップ10社のうちの半分以上が、この「深耕型」に分類される。

時価総額ランキングの常連でもあるオリエンタルランド、キーエンス、ファーストトリテイリング。半導体産業の成長の波に乗るアドバンテストと東京エレクトロン。いずれも調査当時、ＰＢＲは５～10倍といった桁違いのレベルである。

創業１００年超えの企業としては、安川電機、中外製薬、資生堂などが並ぶ。いずれも、ＰＢＲは３～４倍という高レベルだ。今回のランキング全体を見渡しても、「深耕型」が過半数を占める。

では、深耕型は、どのように進化していくのか。これらの企業の進化運動には、大きく３つの共通点がある。

一つ目は、本業において、小さなＳカーブを積み重ねつづけること。そうすることによって、既存のＳカーブが延命するだけでなく、次々にＳカーブが生まれてくる。それをｎ回繰り返すと、$(s)^n$の大Ｓカーブを描き続けることができるのだ。

２つ目は、その過程で現出してくる新しい可能性に向けて、本業の強みをずらしていく。そのような機会がｎ回あれば、Ｓカーブをｎ倍化することが可能になる。

そして３つ目に、これらのＳカーブ群を自社のなかで組み合わせると同時に、他社のＳカーブとも異結合することによって、新たなＳカーブを生み出す。この運動によって、異次元のイノベーションを創発させることができるのである。

このように、持続的なＳカーブは、フラクタル（無限入れ子）構造になっている。深耕型企業は、豊かな時空間の可能性の扉を、開き続けていくのである。

深化と探索という二兎を追う「両利きの経営」は、このような骨太、かつ持続性の高い進化を生み出すことはできない。深化の先に探索があり、探索が新次元の深化をもたらす。これが、進化の王道なのである。

しかも、本来、日本企業がもっとも得意とする進化のプロセスなのである。

事例❺

ポーラ

数ある深耕型企業のなかから、事例研究先としてポーラを選んでみたい。いくつか理由がある。

第一に、長寿企業である点。正確にはまだ94年しかたっていないが、ここでは100年企業に準じるものと考えよう。

第二に、PBRも2倍を超えている点。こちらも今回のベスト50にぎりぎり入賞レベルだが、逆にぶっちぎりに高い倍率の企業より、2倍を切る企業にとって参考になることも多いはずだ。

第三に、前述したロートが、医薬品から化粧品に参入して成功したのに対して、ブレずに化粧品に一意専心している点。その意味では、PBRが4倍近い（調査時点）資生堂こそ代表事例ではあるが、「ぶっちぎり」ではない、という前述した観点から、あえてポーラを取り上げてみたい。

ポーラの創業は1929年にさかのぼる。化学者でもあった創業者・鈴木忍は、ある日、妻の手荒れを見て、独学でハンドクリームをつくってプレゼントした。これが、個人事業として生まれたポーラの創業物語である。商売以前に、妻への愛がすべての始まりだったのである。

第二次世界大戦後は研究生産を担うポーラ化成工業、販売を担うポーラ化粧品本舗として法人化、その後、現在の株式会社ポーラへと進化していった。

ポーラが大躍進したきっかけは2つ。一つは、化粧品の訪問販売事業を全国規模で展開したこと。そしてもう一つは、女性の肌を追究したオーダーメード化粧品シリーズ「ポーラ・アペックス」を開発したことだ。

また1984年に通販部門として設立した「オルビス株式会社」とともに、2006年には純粋持ち株会社「ポーラ・オルビスホールディングス」の一翼を担い、現在に至っている。

筆者が10代の頃（といっても、半世紀も前だが）は、ポーラといえば、ポーラレディたちの訪問販売が代名詞だった。しかし最近は、百貨店の化粧品売り場やファッションビルに「ポーラコーナー」を設けたり、エステティックサロンを併設した小型店舗「POLA THE BEAUTY」を展開するなど、店頭販売にも力を入れている。

今や店舗数は全国で2800店に上る。これはセブン-イレブンより一桁少ないが、ユニクロの3倍以上だ。

脱多角化

実はポーラも、多角化を試みた時期がある。

一つ目は、食品事業、その名も「ポーラフーズ」。「バランスアップ」や「シーズケース」などの栄養補助食品やのどあめなどを得意としていたが、2002年にアサヒビールに売却、現在は同グループのアサヒフードアンドヘルスケアに吸収合併されている。

もう一つが、医薬品事業。皮膚領域に特化した新薬を、「ポーラファルマ」として展開していたが、2018年にインドのサンファーマに売却している。

ロートが医薬品から化粧品、食品へと事業領域を進化させていったのに対して、ポーラは化粧品から、食品、医薬品への参入を試みた形となる。しかし、ポーラの方はいずれも早々に手じまいして、祖業の化粧品に特化していった。ここに「脱構築型」と「深耕型」の対照的な進化の姿をみることができる。

ただし、ポーラが今でも化粧品事業以外に展開している活動がある。とはいえ、文化・芸術領域で、営利事業ではなく社会貢献活動として位置づけられている。柱は2つ。

一つ目は、ポーラ文化研究所。1976年に設立されて以来、「美」、なかんずく「化粧文化」を人文・社会学など様々な角度から探究している。

もう一つが、ポーラ美術館。「箱根と自然と美術の共生」をコンセプトに、2002年に開館。モネ、ルノワール、セザンヌ、ゴッホ、ピカソなどの有名作品が常設されているほか、各種の企画展示、講演会、ギャラリートークなどが開催されている。箱根で執筆活動をしている筆者には、最高の癒しのひと時を提供してくれている。

Science. Art. Love.

ポーラは、先に紹介した創業物語を大切にしている。それは、創業者・鈴木忍の次の一言に凝縮されている。

「最上のものを一人ひとりにあったお手入れとともに直接お手渡ししたい」

そのＤＮＡは、現在もポーラに受け継がれている。科学の力で未来を拓き、手に触れるデザインに愛する思いを込め、一人ひとりに寄り添いながら販売していく。

２０１９年、ポーラは「Science. Art. Love.」という新たなコーポレートブランドを打ち出した。ホームページは、その思いを次のように語っている。

いつの時代だって、科学が、人を前進させる。
芸術が、美のあり方を教えてくれる。
ふたつがひとつになり、新しい何かが生まれる。
新しい商品、新しい人生、新しい幸福。
その考えが、ＰＯＬＡの美への姿勢です。
そして、もうひとつ大切にするもの。
それは、愛です。

技と美と愛という3つのコンセプトが、フラクタルに織りあわさりながら未来を紡ぎだしていく。それがポーラの進化の原動力となっている。ホームページは、次のように結んでいる。

すべての力をもって、一人ひとりの女性へ。今までにない美をつくろう。喜びをとどけよう。私たちの、ＰＯＬＡの、約束。

人を美しくする、という仕事は美しい。

共感ブランディング

世界トップのブランディング・ファームのインターブランド社は、毎年トップ１００社ランキングを発表している。「日本企業ベストブランド２０２３」で、ポーラは１００位にランクインした。

この「ぎりぎり」感も、いかにもポーラらしい。筆者はインターブランド社のシニア・アドバイザーを務めているが、思わず応援したくなってしまう。

及川美紀社長は、２０２２年のインターブランドとのインタビューで、ブランドのパワーを、次のように語っている。

「ブランドは共感の源、様々な人が自然に居心地の良さを感じて集まってくるオアシスであり、コネクティングポイント。こんな時代だからこそ、コネクティングポイントが連鎖しあって大樹のように大きくなっていく。ブランドはそんな『共感に基づくコミュニティ』であり、この『コミュニティ化』というキーワードは、今後ますます重要になってくるでしょう。そして、そこに参加する人たちもブランドを高めてくれる存在だと感じます」（インターブランドホームページ「Best Japan Brands 2022」ブランドリーダーズインタビュー）

キーワードは「共感」、そしてその源がブランドに込められたパーパス（志）である。それを「約束」として、深化させ続けることこそ、ポーラの進化の原動力となっているのである。

We Care More.

及川氏は、2020年、コロナ禍の真っただなかでポーラの社長に就任した。国内大手化粧品メーカー初の女性社長の誕生である。

就任早々、及川氏は、創業100周年の2029年に向けた新しい行動スローガンを掲げた。名付けて「We Care More.」（**図14**）。2023年のインターブランドと

図14　POLAのパーパス

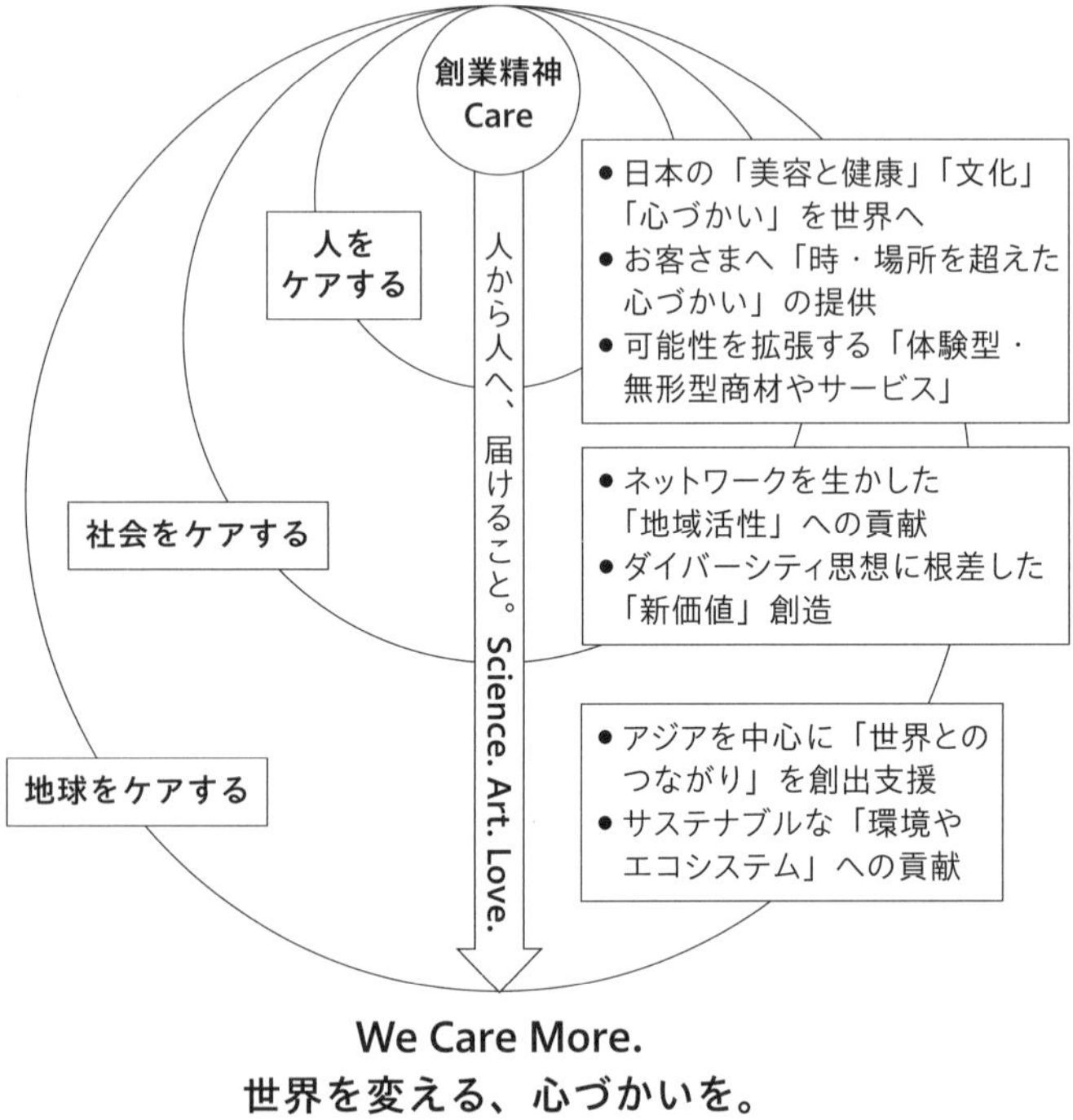

創業精神
Care
人を
ケアする
社会をケアする
地球をケアする
人から人へ、届けること。Science. Art. Love.
● 日本の「美容と健康」「文化」「心づかい」を世界へ
● お客さまへ「時・場所を超えた心づかい」の提供
● 可能性を拡張する「体験型・無形型商材やサービス」
● ネットワークを生かした「地域活性」への貢献
● ダイバーシティ思想に根差した「新価値」創造
● アジアを中心に「世界とのつながり」を創出支援
● サステナブルな「環境やエコシステム」への貢献
We Care More.
世界を変える、心づかいを。

出所）ポーラ

のインタビューでは、そこに込められた思いを、次のように述懐している（インターブランドホームページ「Best Japan Brands 2023」ブランドリーダーズインタビュー）。

「ブランディングに取り組む中で、企業、顧客、社会は縦の関係ではなく、循環するもの、縦横無尽につながっているものだという考えに至りました。コロナの影響もやはり大きいところです。

世の中は、すべてが網の目のようにつながっています。その中で「私」からその先へ「ケア」を拡げていくために、「着眼大局、着手小局」～大局を目指して、目の前のできることからコツコツ積み上げています。

たとえばダイバーシティへの取り組みは自社のためでもありますが、弊社の事例を参考に他社も取り組んでくれたら、社会変革の種になるのではないかと考えています」

パーパスからプラクティスへ

ここ2年間で、パーパスを掲げる企業が増えた。しかし、その多くはまだ掛け声だけで終わっている。私が「額縁パーパス」と呼んでいる残念な光景である。

パーパスはプラクティス、すなわち「行動」に移して初めて実体となる。優れた企業は、いかにパーパスをプラクティスに結び付けるかに腐心している。そこでカギを握るのが、行動するための判断基準となるプリンシプル（行動原理）だ。それは「行動」である以上、「動詞」で表現される。

ポーラが選んだキーワードが「Care」、すなわち「大切にする」こと。一人ひとりの「心づかい」が世界を変えるという信念が、まさに手に取るように伝わってくる。

とりわけダイバーシティ推進への取り組みは筋金入りだ。及川氏は、「ポーラには、ジェンダーギャップを解消するDNAがある」と語る。

そもそも、同社ならではの「ポーラレディ」も、京都の営業所に、セールスマン募集の張り紙を見た一人の女性が「女ではあきまへんやろか？」とやってきたのが、始まりだという。創業間もない1937年のことである。

以来、女性がセールスをリードすることが、ポーラの流儀として定着した。現在ビューティーディレクターと呼ばれるセールスのリーダーたちは、2万5000人に上る。

私たちの街に花を咲かせよう！

その全国で活躍するビューティーディレクターたちは、人をケアすることを大切にしてきた。さらに今は「社会をケアする」ことにも、取り組み始めている。ポーラで「Bloom Our Town」（私たちの街に花を咲かせよう）と呼ばれる活動である。

たとえば、岡山県の「ももたろうプロジェクト」。岡山県を元気にしよう！という思いのもと、現地のポーラショップと社員が、2020年に立ち上げた。現地の幼稚園や学校の協力を得て、ポーラ製品の廃材を使ったアート作品を募集する「リユースコンテスト」。今では、中国地方全域に広がっている。

静岡県では、女性のQOL向上を目指して、現地のNPOと組んで、「生理の貧困の壁をなくす」などのプロジェクトを展開。また、大阪府では、地元の医療機関と組んで、障害者などを対象にハンドトリートメントやメークサービスなどを提供している。

地域の社員自らが、「共感に基づくコミュニティ」づくりを実践する。その結果、ポーラがコミュニティにとって欠くことのできない存在となる——それがポーラのブランドを進化させる原動力となっているのである。

ダイバーシティからインクルージョンへ

この一連の取り組みから見えてくるのは、ダイバーシティとインクルージョンに対するポーラの異次元の「本気度」である。

ダイバーシティについては、すでに論じた通りだ。多くの企業が、頭数合わせのような表面的な取り組みでお茶を濁しているのに対して、性別はもちろんのこと、地域格差や年齢格差、社会的弱者への配慮など、社会全体の格差をなくすことに、本気で取り組んでいる。

最近は、さらに社内における「インクルージョン」を一層強化し始めている。ダイバーシティだけを重視すると、遠心力が増す一方、組織全体の求心力が弱まる恐れがあるからだ。

たとえば、半期ごとに、全国からビューティーディレクターの代表に集まってもらい、これからのポーラならではの地域リーダーのあり方を一日かけて論じあってもらう。

コロナ明けの2023年7月、久々に開催された成績優秀者が集う全国大会に、筆者も参加させていただいた。対外的にはポーラの「アンバサダー」の役割を果たし、対内的には「コーチ」役を担い、その2つの役割の基盤として、「マグネット」

（磁石）になることの重要性などを論じていただいた。100人を超える女性経営者の皆さんの圧倒的な熱量に、筆者の方がパワーをいただいた瞬間だった。

「ほんのれん」が広げる共感の輪

また、2023年6月に、本社の若手や中堅社員の知的好奇心を高め、かつ、つながりを強化するために、新しい取り組みが始まった。「ほんのれん」という装置を、本社ビルの8階、トータルビューティ営業企画のフロアに導入したのだ。

「ほんのれん」は「本」を媒体として「連」（つながり、サロン）を生み出す仕組みだ。一畳サイズの本棚に、「百考本」と呼ばれる100冊のリベラルアーツ系の定番と、旬な問いとともに「旬感本」と呼ばれる関連本が毎月5冊ずつ届けられ、のれんのように並べられる。そこに対話の場が生まれ、関心のあるトピックに沿って、様々な問いや意見、経験や提案が、社員の間で交わされるようになる。

2023年4月から、編集工学研究所と丸善雄松堂が本格的に展開しているもので、ポーラは広島県、ヒューマンリンク社に継いで、3番目の導入事例となる。筆者も、前述した創発型組織DACOを生み出す有力な仕掛けとして、注目している。詳細は、拙著『10X思考』（ディスカヴァー・トゥエンティワン、2023年）をご参照いただきたい。

ポーラで「ほんのれん」の導入を決めた荘司祐子・執行役員は、担当するトータルビューティー営業企画にとって、ポーラならではの「お手渡し文化」を担う人財の育成がカギを握ると考えていた。その時に出合ったのが、この装置だ。社員の「対人の感性」を刺激するツールとして、本、問いと本をきっかけに対話をする場こそが、最適なツールだと確信したという。

導入してまだ数カ月しかたっていないものの、さっそく、本や問いをきっかけとして、さまざまな仲間の間で、多様な対話が始まっている。確かな手ごたえを感じた荘司氏は、今後の展開についても大きく期待を膨らませている。

「私はぜひ、他の企業さんとも一緒にワークショップをやってみたいです。本という乗り物があれば、企業の垣根を越えて対話の波に乗っていけると思います。関心テーマ、企業文化もまったく違う者同士だからこそ、自分たちの視野の枠にも気づけるでしょうし、思いがけない対話が生まれるのではないかと期待しています」

これこそ、DACO型の開放的なコミュニティへとつながっていくはずだ。ポーラは、「美しさ」という一点にこだわり抜いて、非連続な進化を遂げてきた。2029年、100周年を迎えた以降も、このポーラならではの進化の方程式を持続させ続けるだろう。

失敗の本質——顧客への迎合（マーケット・イン）

深耕（カルト）型が陥りがちな落とし穴は、掘り所と、掘り方を間違ってしまうことだ。

たとえば、「顧客第一主義」を唱える企業は、既顧客を大切にし、その要望に何とか応えようとする。たとえば、デジタルを駆使して、顧客と協働して顧客の体験価値を豊かにする活動が盛んだ。「マーケット・イン」と呼ばれるアプローチである。

しかし、それだけでは、既顧客が進化しない限り、自らも進化しない。顧客におもねっていても、イノベーションの定義であるはずの「市場創造」は実現しないのである。

深耕型が進化するためには、未来志向で顧客を定義する必要がある。既顧客ではなく「未顧客」、既体験ではなく「未体験」を深く掘り下げなければ、非連続な価値は創造できない。

自社の強みを深掘りする際にも、既存の事業や資産、スキルなどを前提に、それをどんどん奥深く掘り下げようとする。しかし、横に広くつながる鉱脈や水脈にぶち当たらない限り、非連続な進化は期待できない。

「トンネル（横穴）ビジョン」とは視野狭窄を意味するが、これはいわば「ピット（竪穴）ビジョン」。そして、それが「ピットフォール（落とし穴）」になってしまうようでは、洒落にもならない。

ひたすら垂直思考（「両利きの経営」がいうところの「深化」）に陥っても、新しい未来は拓けない。かといって水平思考（「両利きの経営」がいうところの「探索」）のような深みのない表面的な活動を続けても、本質的、かつ持続的な未来の鉱脈には到底たどりつかない。

垂直でもなく水平でもなく、いわば「斜め」に掘り下げていくことこそ、深耕型企業の進化の真髄なのである。

そのためには、自社の強みそのものを「再編集」してみる必要がある。たとえば、トヨタであれば、それは「モノづくり力」ではなく、「モノつくらせ力」。エコシステム全体が、トヨタ流のすり合わせ型のモノづくりを実践する仕組みをつくる力である。

TPSに象徴される進化する仕組みづくりこそが、トヨタの強みの本質である。だとすれば、トヨタはクルマづくりを超えて、移動システム、さらには社会システムや生活システムづくりに進化し続けることができるはずだ。

成功の本質――顧客の先導（マーケット・アウト）

深耕型で進化し続けている企業には、共通点がある。顧客に「へつらう」のではなく、顧客を先導していることだ。

これを「マーケット・アウト」と呼ぶ。発案者は、ミスミの創業者田口弘氏。ミスミは、顧客の視点から商品を開発調達する「購買代理店型商社」という新しい業態を確立した。

マーケット・アウトとプロダクト・アウトは、紙一重である。自社の強みに徹底的にこだわるところは共通している。違いは、それが未来の市場づくりにつながるかどうかである。「マーケット・アウト」は、シュンペーター、そしてドラッカーがイノベーションの定義としている「市場創造」そのものなのである。

マーケット・アウトの世界的な名手は、アップルだ。スティーブ・ジョブズは、既顧客の「困りごと（ペイン）」ではなく、未顧客の「あったらいいな（ゲイン）」を洞察することによって、新市場を生み出すことを、同社の成功の方程式として確立した。

ただし、アップルは同じところにとどまらず、常に「箱から出ろ（Get Out of Box）」で、新しいフロンティアを拓き続けている。「脱構築（デコン）」型進化の代表例である。

では「深耕（カルト）」型がいかに新市場を創ることができるのか。深耕型の旗手として、キーエンスを取り上げてみよう。

キーエンスは、センサー領域を一意専心に深耕し続けて急成長してきた。ファブレスと呼ばれているが、試作品をつくるラインを自前で持っているので、正確にはファブライト。無形資産を基軸としていることもあって、本調査時点でＰＢＲは約６・８倍、全体で４位にランクイン。時価総額でみても、トヨタ、ソニー、ＮＴＴに継ぐ４位につけている。

キーエンスの成功方程式

キーエンスの成功の方程式は、きわめてシンプルだ。

まず、顧客の困りごとを顧客に先回りして発見する。そのためには、トヨタなど、その進化し続けるごく一部の企業以外の既顧客には、目もくれない。仮説を先に立て、そのような課題を抱えている可能性のある未顧客を、片っ端から訪問しまくる。一日最低5軒、できるだけ10軒を目指すというモーレツ（日本では死語になりつつある言葉）ぶりだ。

訪問の前には、上司が「ロープレ」（ロールプレイの略）として、営業トークを徹底的に叩き込む。決め球は、そのセンサーを導入することで、顧客にとってどれだけの経済価値が出るかを提示してしまうことだ。ケタ違いのROIが期待できる提案を示すことで、即「特注」に持ち込む。まさに未顧客の未体験ゾーンを、徹底的に掘りまくるのである。

商品開発も、キーエンスならではだ。世界中のセンサー技術から、顧客のニーズにあった最適な技術を調達し、それを自社の試作ラインで製品に組み立て、顧客に即納する。量産段階では協力会社ネットワークを通じて、最も安いところで生産させる。つまり、自社独自の技術や生産には、まったくこだわらないのだ。それが同社の強みではないからだ。

では同社の強みは何か。顧客のニーズを先回りし、それを解決する最適な技術を外から調達して即納する力である。これこそが、自前主義にこだわる伝統的なメーカーとの本質的な違いだ。

未来の顧客や未来の課題は無尽蔵にあり、未来の技術は世界中で開発競争が進められている。このように顧客と技術を未来に向けて「つなぐ」ことで、キーエンスはまったくぶれることなく進化し続けているのである。

キーエンスに限らず深耕型企業は、このように独自の成功方程式を、顧客の未実現価値と未来の可能性に適応し続けることで、非連続な進化を実現させている。そして、それこそ、持続的にイノベーションを生み続ける基本技なのである。

本章のポイント

進化の第5類型は、「深耕（カルト）」型である。自分のこだわりを一意専心に深掘りすることで、無尽の可能性が湧く水脈に到達する。新規事業の探索などという表面的な活動には目もくれない。

ひたすら地下で通底する水脈まで掘り下げていく。そして新たな水源にたどりつくと、またそこから派生していく水脈をひたすら掘り続ける。その徹底的なこだわりが、イノベーションを生み出し続けるのである。

あらゆる成功企業は、創業時には祖業の深耕にいそしむ。しかし、その後、時間の経過とともに、隣接市場へのずらしを試みるようになる。「軸旋回（ピボット）」や「脱構築（デコン）」などの進化運動である。しかし、そこで新たな水脈にたどりつけば、また一心不乱に掘り下げることで、イノベーションを掘り当てていく。

深耕型は、進化プロセスの始点（A）であり、かつ帰着点（Z）でもあるのだ。そして、そこからまた新たな進化（A'）が始まるのである。

日本企業の多くは、伝統的に深耕を得意としてきた。今回のランキングでも、過半数の企業が深耕（カルト）型に分類される。そしてそれ以外の4つの類型は、この深耕型の派生形ともいえる。逆に言えば、深耕型の基本技を習得していない企業は、いかに市場を「ずらし」てみたところで、骨太のイノベーションを実践することはできないのである。

ただし、同じところをタテに掘り続けるだけでは、視野狭窄に陥り、新しい水脈にも気づかない。自社の本質的な強みを頼りに、学習の場を「ずらす」（脱学習）ことで、新しい学習プロセスをスタートさせ続ける必要がある。

そのような学習と脱学習を繰り返すことで、日本企業ならではの進化の法則を確立することができるはずだ。この点は、終章で「シン日本流」として論じることとしたい。

第6章 超進化経営の法則

7つのキークエスチョン

ここまで、進化の5類型を、事例とともに詳述してきた。それぞれの類型ごとに、進化の形態やプロセスには特徴があることがわかる。

ただし、それは企業進化を、一定の時間軸や空間軸で観察してみた一側面にすぎない。序章でも述べたように、時空をずらしていくと、実はこれらの類型はつながりあっていく。

「分析」の基本は「分ける」ことである。類型化は、まさにこの「分ける」作業である。そして「分けるとわかる」(編集工学の教え)。進化の多様なありようを理解するためには、必要不可欠なプロセスである。

しかし、より重要な作業は、これらの表層的な違いを超えた本質に迫ることである。第1章から第5章までのストーリーを通じて、これら5つの類型に共通する特徴があることに、気づかれたのではないだろうか。

この章では、これらの共通点を、次の7つのキークエスチョンを切り口に、考えてみたい。

①そもそもなぜ企業には進化が必要なのか
②進化の時間軸をどのようにとらえるべきか
③持続的に進化し続けるためのトリガーは何か
④進化はどのようなプロセスを通じて実現するのか
⑤企業進化には、どのようなイノベーションが必要か
⑥進化を実践するためには何をどのように変革すべきか
⑦進化を実践し続けるために、カギとなる組織能力は何か

本章を通じて、進化経営に共通する7つの法則が、浮かび上がってくるはずである。

赤の女王仮説——Change or Die

「赤の女王仮説」をご存じだろうか。ルイス・キャロルの名作『鏡の国のアリス』のなかで、赤の女王が「その場にとどまるためには、全力で走り続けなければならない」といったことが由来となっている。転じて、進化生物学では、種や個体、そして遺伝子が生き残るためには進化し続けなければならないという意味で使われる。

非連続な変化の渦中にある企業にとっても、進化しなければ生き残れない。デジタル業界では「Change or Die」、すなわち「変化しなければ滅びる」が常識となっている。そしてデジタル革命は、あらゆる産業に押し寄せている。アパレル業界においても、ファーストリテイリングの柳井正社長は、「Change or Die」をスローガンに掲げている。

本書で進化の類型ごとに紹介した長寿企業は、これまで何度も進化を繰り返してきている。前述した通り、20世紀においては、少なくとも30年ごとに進化しなければ、時代の変化に取り残されてしまう。21世紀に入って、デジタル革命やバイオ革命などによって進化のペースが指数関数的に早まるなかで、今や「変化こそ常態」となっている。

柳井氏はさらに、「Change は Chance」とも力説する。進化企業にとって、変化は成長の限界を突破する好機に他ならない。100年超えの長寿企業にとっても同様だ。京都の老舗企業、島津製作所とSCREENは、SXやDXを新市場創造の絶好の機会ととらえている。味の素もロートも、業界融合時代を睨んで、食や健康を超える新業態の創出業態変革を着々と進めている。ポーラは、Science の進化を取り込みながら、Art（美）と Love（愛）を異次元の時空へと進化させようとしている。

ただし、赤の女王のアドバイスに従って全力疾走しても、「その場にとどまる」だけに終わる。それでは異次元の未来は拓けない。とはいえ、闇雲に先回りしてみても、空振りに終わってしまう。

それどころか、変化の渦中にあっては、今すぐに片づけなければならないことで、手一杯のはずだ。遠い未来のことに思いを巡らす余裕などない。

ではどうすればいいか。

遠近複眼思考――ズームアウト・ズームイン

我々にとって、最大の希少資源は時間である。だとすれば、時間配分をどうするかが、企業にとっての最大の経営課題といっても過言ではない。

まず、未来のありたい姿に、しっかり時間を使う。10年先では近すぎる。短くても30年先、今世紀の後半に照準を合わせる。

もちろん、そんな先のことは、誰にも正確には見通せない。ましてや、シンクタンクやコンサルティング企業が出している「未来予想図」など、まったく当てにならない。

未来は、自らつくるしかない。そのためには、自分たちの志（パーパス）を基軸として、顧客にとって、社員にとって、社会・地球にとってのありたい未来を、具体的に構想する必要がある。

その際には、「パーパス・ワークショップ」のような活動が、効果的だ。少人数のグループごとに集まって、あらゆる制約をとって、自分たちのありたい姿を描く。夢を語り合うのでドリームセッションとも呼ぶ。

本書で事例として取り上げている企業、たとえば、SCREENや味の素などは、そのようなドリームセッションを、多様な組織で多層的に実施している。筆者自身も、これらの企業のセッションに参加する機会が多い。

ただし、そのままでは現実離れした夢に終わってしまう。そこで、その30年後のありたい姿に向けて、今、具体的に何をすべきかを考える。そこで出てくる短期的なアクションプランは、従来の延長線上のものとは、スケールもスピードも大きく異なるはずだ。

ここで重要なのは「行動計画」であって、「数値計画」ではないことに留意する必要がある。日本企業の多くは、「中期計画病」にかかっている。先が見える時代は、確実にPDCAを回していればよかった。しかし、先が見えない今、3年先の経営数値の着地点を予測することには意味がない。いずれ「想定外」の事態に振り回されることは、コロナやウクライナ、そしてガザを見通せなかったこの3年間でも、身にしみたはずだ。

むしろ企業のアテンションは、短期のアクションに集中させる必要がある。そしてこちらのアクションに対して、環境や市場がどう反応するかを観察したうえで、次のアクションを仕掛けていく。このように未来に続く現実の連続に、真剣に向き合わなければならない。中期計画などという中途半端なものに、割く時間などないはずだ。

たとえば、味の素では、中期経営計画をつくらないことにしている。同社の藤江太郎社長は、社員からの質問に対して、次のように答えている。

「私は、変化をしっかり捉えていくことが大事だとつくづく思います。3年先にどうなるかわからないことを綿密に組み立てて、やれ計画だ、やれプランだということには意味がないと思います。

それよりも大事なのは、「ありたい姿」です。だから中計はやめて、これからは「ありたい姿」を目標とした「中期ＡＳＶ経営」を目指します」（同社ＨＰ「ストーリー」欄）

まずズームアウトして遠い未来を描き、ズームインして現実と向き合う。このような思考法を、筆者は「ズームアウト・ズームイン思考」と呼ぶ。日本語でいえば「遠近複眼思考」だ。

この「遠近複眼思考」こそ、進化経営をスタートさせるうえで、必要不可欠な時間軸である。

社会ダーウィニズムの誤謬

時間軸の設定とともに、よくありがちな大間違いが、進化のトリガーの設定である。ダーウィンの進化論以来、環境に適応できないと自然淘汰されるという強迫概念が、社会に蔓延していった。「社会ダーウィニズム」だ。

経済理論においては、自由競争が市場の進化をもたらす、という自由市場主義が台頭していった。そして1970年代以降、経済がグローバル化するなかで、世界を舞台に自由競争が過熱していった。それを後押ししたのが、シカゴ大学のミルトン・フリードマンに代表される新自由市場主義者たちだ。

企業としても、この熾烈な生存競争に勝ち抜くためには、何とか他社より早く進化しなければならない。こうして、競争戦略が、企業経営の基軸となっていった。その「教祖」となったのが、ハーバード・ビジネススクール（ＨＢＳ）のマイケル・ポーターだ。

しかしデジタル化が、指数関数的な進化をもたらすようになると、ポーター流のポジショニング戦略では競争優位は持続できなくなった。そこで、ＨＢＳのクレイトン・クリステンセンの「破壊的イノベーション」論が台頭していった。持続的イノベーション、すなわち自然進化ではなく、突然変異が競争のパラダイムを塗り替えてしまうという考え方だ。

しかし、これらの競争原理にもとづく進化論は、資本市場、さらには社会そのものを破綻に追い込んでいった。サステナビリティ論議に代表されるように、今、改めて生態系全体での共進化が注目されている。

そこでのキーワードは、競争ではなく共創だ。生命、そして生態系そのものがそうであるように、企業も競争から共創へのパラダイムシフトが求められている。

ＨＢＳのなかでも、早くから、組織進化のダイナミズムを唱えてきたのが、ジョン・コッターだ。リーダーシップ論の泰斗として有名だが、企業変革論でも定評がある。最新著『CHANGE』（ダイヤモンド社、２０２２年）のなかで、コッターは変革の２つのトリガーを論じている。

「生存（Survive）」スイッチと「繁栄（Thrive）」スイッチの2つだ。

危機感ではなく志命感

一般に「生存」本能が、変革のトリガーとなると誤解されやすい。確かに、生存の危機に直面すれば、誰しも変わらざるを得なくなる（もっとも、最近は、真っ先に逃げ出す社員の方が多いかもしれない）。しかし、危機が去れば、また元の日常にもどろうとする。

それでは、本質的な変革は起こりようがない。

V字回復は、単なる生存危機からの生還に他ならない。いずれまた、危機は再来する。そのたびにV字回復という「得意技」で逃げ切ろうとする。ちなみに、そのような「懲りない」企業を、筆者は（Vではなく）W字企業と揶揄している。

コッターは「繁栄」スイッチこそが、進化のトリガーになるという。「ありたい未来」に向けて、本質的な進化が始まる。社員一人ひとりの中に、変革へのアドレナリンが漲ってくるからだ。

これは、長らくコッターの持論でもある。詳細は拙著『企業変革の教科書』（東洋経済新報社、2018年）を参照していただきたい。

実は、コッターのHBSでの肩書は、「松下幸之助・冠講座」教授。大著『幸之助論』（ダイヤモンド社、2008年）も執筆している筋金入りの幸之助論者だ。そういえば、幸之助翁は、終戦翌年の1946年に、PHP研究所を設立している。PHPは「Peace and Happiness through Prosperity（繁栄によって平和と幸福を）」の略だ。

幸之助翁もコッターも、「繁栄」こそが持続的進化の原動力となることを、時空を超えて唱えているのである。

筆者はこれを持論の「志（パーパス）」に結びつけて、（義務を意味する「使命感」ではなく）「志命感」と呼んでいる。「危機感」ではなく、「志命感」こそが、進化のトリガーなのである。

本書で取り上げた企業はいずれも、危機から逃れるべく進化してきたのではない。タイミング的には、むしろ絶好調の登り坂で、次世代への進化を仕掛け始めている。変化の兆しを志（パーパス）実現の絶好の機会ととらえ、「志命感」に突き動かされて進化し続けているのである。

まず現場にゆらぎを引き起こす

進化はどのようなプロセスをたどるのか。この問いに対しては、すでに序章でも仮説を提示した通りだ。あらためて振り返ってみよう。

組織の進化は、生命の進化と同じく〈ゆらぎ・つなぎ・ずらし〉の3つの組織運動によって引き起こされる。これは清水博・東京大学名誉教授のバイオ・ホロニクス論、ノーベル化学賞を受賞したイリヤ・プリゴジンの散逸理論、そしてサンタフェ研究所のスチュアート・カウフマン教授の自己組織化理論などをベースに、筆者が考案したモデルである。詳細は、拙著『学習優位の経営』をご覧いただきたい。

最初の「ゆらぎ」は、組織の〈中枢＝本社〉ではなく、〈辺境＝現場〉から起こる。なぜなら、〈辺境＝現場〉は変化の波打ち際にいるからだ。カウフマン教授はそれを「カオスの縁」と呼ぶ。進化の最初の「ゆらぎ」を起こすのが、このカオスの縁なのである。

そのためには、自律的に考え、行動する現場が必要となる。たとえばロートは、現場にいる一人ひとりの社員のイニシアティブを大切にしている。ポーラも各地のビューティーディレクターの創意工夫のなかから、地域創生型の新しい価値創造を仕掛けている。

現場に「ゆらぎ」を引き起こすことによって、〈0→1〉の新しい実験が同時多発的に生まれていく。本社はそのような現場の動きのなかから筋がいいものを見極め、それを「型（アルゴリズム）」に落とし込んで、横展開していく。この「つなぎ」活動によって、〈1→10〉という組織進化が始動する。

そしてそこからさらに、それを組織全体の新しい運動へと大きく地殻変動させていくことで、〈10→100〉へと桁違いのスケールを実現する。これが「ずらし」だ。

進化のアルゴリズム

進化企業ランキングの上位企業、たとえば、キーエンス（4位）やファーストリテイリング（7位）は、「ゆらぎ」を「つなぎ・ずらし」にスケールアップさせる独自の方法論を確立している。

もちろん、本書で取り上げた長寿企業も例外ではない。たとえば、SCREENは150年以上、「思考展開」を進化のアルゴリズムとしてきた。そして2023年には「人と技術をつなぎ、未来をひらく」という新しい理念を掲げて、次世代の進化に向かおうとしている。前述した通り、「ひらく」の本質が「ずらし」であると理解すれば、「つなぎ・ずらし」が価値創造の原動力であることを、改めて宣言したのである。

進化企業は、自律的に活動する現場にセンサーを埋め込み、市場の「ゆらぎ」をいち早く察知し、それを組織全体に「つなぎ」、新しい機会獲得に向けて、大きく組織全体を「ずらし」続けている。そしてそれは、「両利きの経営」という表層的なモデルとは、根本的に異なる。

深化と探索は別の運動であってはならない。探索などという薄っぺらな活動から本質的な「ゆらぎ」をとらえることはできない。深化の先にこそ「ゆらぎ」を見つけることができるのだ。それが組織の間で「つなぎ」「ずらし」という大きな進化を生み出していく。それが生物同様、企業が自己組織化によって持続的に進化し続けるための要諦である。

技術革新（0→1）ではなく市場創造（1→10）

企業が進化するためには、イノベーションが必須である。ただし、それは、日本人がよく誤解している「技術革新（プロダクト・アウト）」ではない。イノベーションという言葉を100年前に生み出したヨーゼフ・シュンペーター、そしてシュンペーターの偉業を「再発見」したピーター・ドラッカーによれば、イノベーションは「市場創造（マーケット・アウト）」のことを指す。詳細は、拙著『資本主義の先を予言した　史上最高の経済学者　シュンペーター』を参照していただきたい。

本書で事例として取り上げた企業は、いずれも独自の技術力には定評がある。なかでも、島津製作所は、ノーベル賞受賞者輩出企業だ。しかし、当の田中耕一氏自身が、イノベーションは「巨人の肩（先人の知恵の集合）に乗ることによって生まれる」と語っている。

島津製作所に限らない。進化企業は、技術革新ではなく、スケール感のある新市場を生み出し続けているのである。たとえば、SCREENは、「転写する技術」をずらすことで、半導体製造用の洗浄装置という巨大市場を生み出した。また、味の素はアミノサイエンスを基軸として、食の世界のみならず、医療やデジタルの世界でも、巨大市場を生み出し続けている。

シュンペーターによれば、イノベーションは2つの運動から生み出される。新結合と創造的破壊だ。

新結合は、文字通り、異質なものを結合させる（Remix）ことである。筆者は「異結合」と呼び変えている。味の素で言えば、アミノサイエンスと多様な事業領域の異結合である。同様に、ロートでは美×健康、ポーラではScience×Art×Loveだ。

田中氏が正しく指摘するように、日本ではイノベーションを「無から有を生み出す」（0→1）ことだと誤解している。しかし、シュンペーターは、それを発明（インベンション）と呼び、単に1つの新しい可能性を生み出したにすぎないと切り捨てる。

そうではなく、すでにあるものを新しく組み合わせて市場を生み出し（1→10）、さらにそれを大きくスケールさせていく（10→100）ことが、イノベーションの本質なのである。

新陳代謝による創造的破壊

そして「創造的破壊」は、既存の資産を破壊して新しい価値に組み替えることを指す。単なるゼロベースの創造でもなく、クリステンセン流の「破壊」でもない。この新陳代謝こそが、自社を常に進化させていくためのカギとなる。

そのためには、まず要らなくなった事業や資産を外部化する必要がある。たとえば島津製作所では、自社が市場創造の「ナチュラル・オーナー」ではないと判断すれば、電池事業やマネキン事業のように、躊躇せずに売却する。同様に、ポーラでは、食や医療分野へと広げすぎた事業ポートフォリオを見直し、化粧品に集中させることによって進化を加速させている。

本業の成長に行き詰まった日本企業ほど、新規事業に救いを求める。そして、「両利きの経営」に活路を見出そうとあがく。

しかし、何度も指摘している通り、既存の事業を深化させ、新規事業を探索するだけでは、新陳代謝は起こらない。そのような安易な経営を、ファーストリテイリングの柳井社長は、「成長ではなく膨張」と戒める。

企業の寿命30年説が示唆する通り、通常企業は30年でピークアウトする。祖業のライフサイクルを超えようとして多角化に走るが、それがメタボを加速させる。典型的な大企業病である。

未来に向かうためには、まず現在を大きく構造変革しなければならない。その際には新しい資産の「足し算」だけでなく、古い資産の「引き算」、そしてそれらを異結合(Remix)していかなければならない。新陳代謝がカギを握るのである。

では、どうすれば新陳代謝によって、創造的破壊を仕掛けられるのか。

事業モデル（BM）ではなく資産モデル（AM）

世の中では、事業モデルイノベーションが大ブームだ。サブスクリプションモデルやサーキュラーモデルなど、枚挙に暇がない。これまでのモノをつくって売るだけの直線的な事業モデルは、とっくに賞味期限が切れている。

しかし、事業モデルそのものは、コモディティにすぎない。スイスのザンクトガレン大学のオリヴァー・ガスマン教授は、5年間かけて世界中の事業モデルを研究した結果、成功したケースは、55種類のパターンに分類されることをつきとめた。詳細は、『ビジネスモデル・ナビゲーター』（翔泳社、2016年）を参照していただきたい。

言い換えれば、事業モデルはパターン認識の産物である。新しい事業モデルをつくりたければ、これらの成功パターンをコピペすればよい。それ自体は、イノベーションでも何でもない。

難しいのは、資産モデルを組み替えることだ。

そもそもスタートアップ企業は、十分な資産を持ち合わせていない。必要な資産は外にあり、価値のある資産、たとえば優秀な人財は、すでに有効活用されている。これらを組み替えて自らの事業モデルに動員するには、既存の仕組みを揺さぶるほどの知恵と腕力が必要になる。その先鋭的なモデルが、クリステンセン教授の言う「破壊的イノベーション」だ。

一方、既存企業は、必要な資産はすでに持っている。しかし、ここでも価値のある資産は、既存事業のためにフルに活用されているはずだ。これらを新規事業に振り向けようとすると、既存事業が回らなくなる。クリステンセン教授の言う「イノベーションのジレンマ」だ。

そこで、「両利きの経営」にすがっても、答えにはならない。価値ある資産が既存事業の深化のために活用され続けている限り、新規事業には回ってこないからだ。スタートアップ企業同様、資産の制約が新規事業の最大のボトルネックとなる。

それなら、スタートアップ同様に扱えばいい、と思いがちだ。事実、CV（コーポレート・ベンチャリング）のような安易な仕組みを導入している日本企業が、後を絶たない。

しかし、それではスタートアップの足元にも及ばない。本業がある企業には、スタートアップのような不退転の覚悟が生まれにくいからだ。たとえその覚悟があったとしても、前述したスタートアップが直面する壁が立ちはだかる。スタートアップの成功確率は7％と言われているのだから、投資としてみても既存事業に比べてはるかに分が悪い。

既存企業にとって、唯一の成功パスは、資産の組み替えである。既存事業にかかわっている資産を軽くし、新規事業に振り分ける。しかも、その対象となるのは、最も価値のある資産だ。

たとえば人財。トップ人財を既存組織からいったんはずし、新規事業のインキュベーションを担わせる。そして、事業化の見通しがついたところで、また既存組織に戻す。そうすることによって、既存事業は仕組み化が進んで筋肉質（リーン）になり、新規事業も既存事業の資産を活用して、大きくスケールしていく。しかも既存事業そのものが隣の新規事業から新しい知恵を学ぶことで、Sカーブを延伸させることができるようになる。

2つのOS組織

コッター教授は、このような重層的な組織をDual OS組織と呼ぶ（図15）。詳細は、『ジョン・P・コッター 実行する組織』（ダイヤモンド社、2015年）を参照してほしい。

一見、「両利きの経営」と似ているようだ。しかし、2つの点で大きく異なる。

図15　「両利きの経営」を超えて——Dual OS 組織

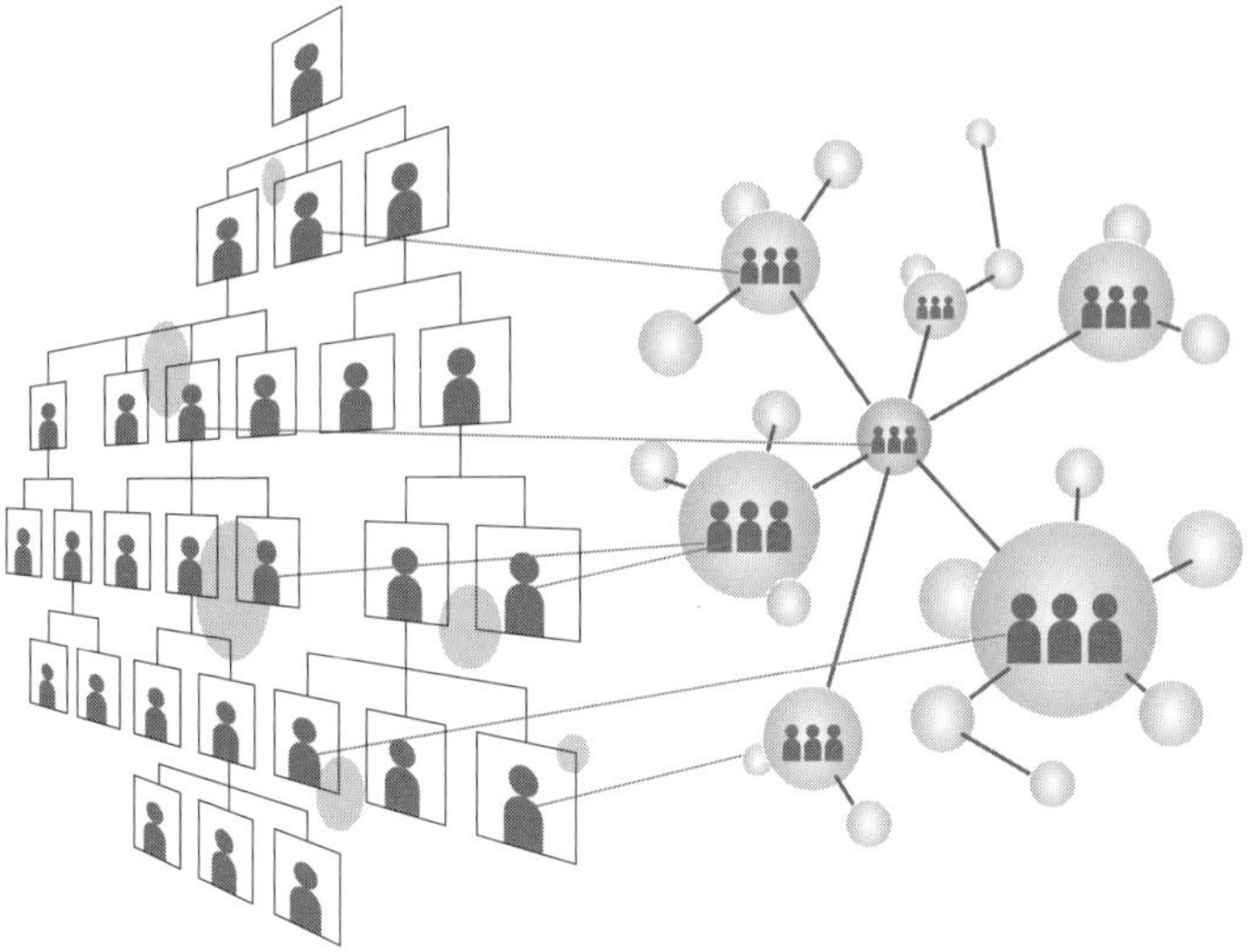

出所）『ジョン・P・コッター　実行する組織』（ダイヤモンド社）をもとに筆者作成

まず、既存ビジネス（**図15**の左側）のエース級の人財が、いったん新規事業インキュベーションチーム（**図15**の右側）に入る。そして事業化案が固まったのちに、チームごと、既存組織（左側）に組み込まれる。つまり、エース人財が左右の組織をつなぐ役割を担うのである。

その結果、大きく3つの効果が期待できる。

第一に、既存事業はエース人財が離れることにより、「たくみ」から「しくみ」へとシフトを加速せざるを得なくなり、DX化が進む。その結果、既存事業がリーンな体質に変わり、より持続力が高まる。

第二に、新規事業が既存事業の資産を活用することで、早く立ち上がり、かつ大きくスケールすることが可能になる。スタートアップには逆立ちしてもできない芸当だ。第三に既存事業が、隣の新規事業から学ぶことで、自らの再成長を始めるようになる。頭打ちになりつつあったSカーブが延伸するのだ。新規事業が立ち上がるより、既存事業が10%でも成長する方が、財務インパクトははるかに大きい。

言い換えれば、新規事業は既存事業を目覚めさせるための触媒役を担うのである。この2つを切り離している場合ではないのだ。


長寿企業も、この仕組みによって進化し続けている。たとえばSCREEN。半導体産業黎明期に、あえて少数精鋭でスタートアップのように新規事業を立ち上げ、それを本体の中核に据え直すことで、半導体製造装置事業を、今日の本業に育て上げた。まさに、第2の創業である。そして半導体事業が活況を呈する今、環境事業やライフサイエンス事業で、第3、第4の創業を目指している。

また、味の素が有形資産から無形資産へと資産の中身を入れ替えたことで、2年間でPBRを1倍から3倍以上に押し上げたことは、前述した通りだ。

企業にとっては、ビジネスモデルの変革（BMX）ではなく、アセットモデルの変革（AMX）こそが、進化の仕掛けどころとなる。なぜなら、前述したように、進化の本質は表層（BM）の「変身」ではなく、中身（AM）の「変態」でなければならないからだ。

カギを握る4つの能力――「4E」パワー

では進化し続けるためには、どのような能力が求められるか。進化の4つのプロセスごとに考えてみたい。

ベストセラー『進化思考』（海士の風、2021年）の著者・太刀川英輔氏は、進化は「擬態」（emulation）から生まれるという。自分と周囲との「差」に気づき、それを模倣してみる。その結果、今までとは違う自分に変われることを知る。

進化は「独創」から生まれるのではない。そこで問われるのは「学習する力」（Emulating Power）だ。

しかし、単に外見を真似るだけでは、変身であっても変態ではない。それを、自らの内部に取り込み、自らの中核能力と異結合させて、新たな実体として結実させて初めて、内側から変態することができる。いわば外部からの情報は、組織に「ゆらぎ」を生み出すことによって、自己組織化という進化のプロセスを誘発させる「触媒」の役割を果たす。

そのためには、前述したように、自分らしさを再現する静的DNAと、外部を取り込んで変わり続けようとする動的DNAが、ある種の創発しあう関係性を保ち続ける必要がある。その結果、内部が外部に開かれ、過去と現在が、未来に開かれている状態を保ち続けることができる。このような空間的にも時間的にも関係性を紡ぎ続ける力こそが、「編集する力」(Editing Power)である。

たとえば、SCREENは、「思考展開」という動的能力によって、自らを「ずらし」続けることによって進化している。味の素においては、アミノサイエンスという中核能力が、様々な外部の触媒と「化学反応」を起こすことによって、食を超える進化を実現し続けている。

進化を実体化させるためには、編集によって生まれた新たなアルゴリズムを、自らのなかにしっかりと取り込まなければならない。それは、組織の中枢神経(頭)だけでなく、行動する身体(体)のすみずみにまで、「身体知」として埋め込む必要がある。

そこで求められるのは、徹底した「実装力」(Embodying Power) だ。

ロートは、NEVER SAY NEVER という不屈の精神を現場に埋め込むことで、現場が自律的に動き(「ゆらぎ」)続けている。そして、それを組織全体の新しい運動能力へと「つなぎ」続けることによって、脱構築(「ずらし」)するパワーを、組織全体に実装しているのである。

そして、進化を自らの運動論にとどめず、生態系全体へと広げることで、「群進化」を実現していく必要がある。そのためには、「外縁」へと共感の輪を広げるソフトパワーが必要となる。「引込力」(Engaging Power) を自らのなかに育み、それを周りに伝播させていかなければならない。

ポーラは、Science の力を基盤としつつ、Art の力で感動(ゆらぎ)の波を創り、Love の力でそれを外部に伝播(つなぎ)してきた。最近は、さらに Care の力で、それらを異次元の空間(人→社会→地球)と時間(過去→現在→未来)へと群進化(ずらす)させていこうとしている。

進化のプロセスに沿って俯瞰してきたように、進化を実践し続けるためには、4つの組織能力がカギを握る。「学習力(Emulating Power)」「編集力(Editing Power)」「実装力(Embodying Power)」「引込力(Engaging Power)」の4つだ。これらの頭文字をとって、組織進化のための「4E（クァトルE）パワー」と呼ぶことにしよう。

本章のポイント

以上、本章では7つのキークエスチョンに沿って、進化の法則を概観してきた。そこから浮かび上がってきた7つの法則は、まとめてみると**図16**の通りだ。

残念ながら、多くの日本企業は、「通説」の落とし穴にはまっている。そのなかには、中期計画病に代表される日本固有のクセもあれば、両利きの経営に代表される欧米モデルの表層的な模倣もある。筆者は前者を風土病、後者を舶来病と呼んでいる。

どちらも、進化にとっては、有害無益である。本書で取り上げている進化企業は、そのような病気に侵されることなく、それぞれ独自の、しかし、実は通底した進化の本質を究め続けている。

では、「通説」に陥っていた残念な企業群は、どうすれば独自の進化のダイナミズムを取り戻せるのか。そして、これまで進化し続けてきた優れた企業群は、次の100年に向けて、次世代進化をいかに進めていくべきか。

図16　進化経営の7つの法則

キークエスチョン	通説	真説
1. 必要性 (Why?)	危機(Crisis)	機会(Chance)
2. 時間軸 (What Timeframe?)	中期計画	遠近複眼 (Zoom out / Zoom in)
3. 動機付け (Which Trigger?)	生存(Survive)	繁栄(Thrive)
4. 展開手順 (How to Proceed?)	両利き(深化と探索) (Ambidextrous)	新陳代謝 (ゆらぎ・つなぎ・ずらし) (Metabolic)
5. 期待成果 (What Impact?)	発明・発見(0→1)	異結合・スケール化 (1→10→100)
6. 変革対象 (What to Change?)	事業モデル変革 (BMX)	資産モデル変革(AMX)
7. 組織能力 (What Capabilities?)	理性(IQ)・感性(EQ)	進化力(4Eパワー) • 学習力 (Emulating Power) • 編集力 (Editing Power) • 実装力 (Embodying Power) • 引込力 (Engaging Power)

出所）筆者作成

それが、本書を通じて読者に問いかけたい最後の、そして最も重要な課題である。

終章　日本企業の次世代進化

伝統のなかの革新

本書では、100年を超えてなお進化を続ける企業に焦点を当てた。これらの企業は、長い歴史のなかで、その企業ならではの「伝統」を蓄積し、継承し続けている。一方で、その伝統の単なる踏襲に終わらず、それを大きく革新させる力をもっている。だからこそ、「企業の寿命30年」という定説を破って、次世代に向けて進化し続けているのである。

伝統と革新は、対義語としてとらえられがちだ。伝統は「旧套墨守」のように「守り」を想起させる。一方、革新は「技術革新」のように「攻め」のイメージが強い。保守派vs革新派などという対立の構図など、その展開だ。

しかし、実際には、伝統のなかにこそ、革新の芽が潜んでいるのである。深耕（カルト）型は、まさに伝統を深掘りしていくことによって進化していく。軸旋回（ピボット）型や脱構築（デコン）型は、伝統をずらし、組み替えることによって革新していく。

一方、本質的な革新は、未来の伝統となる。頭足（オクト）型は、革新の力が伝統のなかから、多数の新たな伝統を生み出していった結果である。異結合（クロス）型は、革新から生まれたこれらの伝統を、組み合わせることによって進化していく。

伝統と革新は、対義的ではなく、両義的である。ある時間の断面で切り取った静止画としては、「陰陽太極図」（**図17**）にたとえられよう。そして、動的な時間の流れのなかで捉え直すと、伝統と革新は常に入れ替わっていく。ちょうど、太極図をぐるぐると回し続けると、陰陽が融合していき、「気」を創発していくように。

そもそも合理的な思考（ロジカル・シンキング）は、「分ける」ことが基本だ。「分けるとわかる」。その典型が、デジタル思考である。複雑な事象を、0と1に分解する。

たとえば、経済や経営においては、「成長」か「衰退」か、という紋切り調の二元論が唱えられやすい。本書のテーマの「進化」に対するのは、さしずめ「退化」ということになるだろう。しかし実態は、成長や進化のなかにこそ衰退や退化の芽が潜んでおり、衰退や退化に見えるところにこそ、次世代成長や進化への機会が潜んでいるのである。

デジタルに分けるとわかった気になる。しかし、それだけでは、複雑系の本質をつかむことはできない。分子生物学者で動的平衡論を唱える福岡伸一氏の著書の題名

図17　陰陽太極図

が語る通り、「世界は分けてもわからない」のである。

先述した「陰陽太極図」が道教のシンボルでもあるように、東洋思想はいったん「分ける」ものの、それらを切り離さず、むしろその「両義性」に着目する。東洋思想にルーツを持つ日本も、そこから日本流の「和」の思想を編み出していった。まさに伝統から革新を生み出したのである。

「和」の創発力

デジタル思考がA「か（or）」Bに分けるのに対して、和の思考はA「と（and）」Bをあわせて結び付ける。言い換えれば、日本流の本質は「と」であり、「あわせ」と「むすび」にある。

たとえば、「合本主義」を唱えた渋沢栄一の『論語と算盤』（1916年）。栄一翁の玄孫（やしゃご）にあたる渋澤健氏は、この「『と』の力」こそ、日本的資本主義の原点だという。今、世界の新潮流になりつつある「マルチステークホルダー資本主義」は、日本では100年以上も前から主流であり続けてきたのである。

そのルーツは、江戸時代にさかのぼることができる。近江商人の「三方よし」や、

「自利利他公私一如」という住友の事業精神は、まさにこの「と」の力が漲っている。日本企業は、日本流の良き伝統のなかから、シン日本流という革新を生み出し続けることができるはずである。

「と」と同時に注目したいのが、「アワセ」と「ムスビ」の力だ。

先日、筆者が10年間主催しているCSVフォーラムで、編集工学研究所の安藤昭子社長に登壇いただいた。そこで紹介されたのが、『日本語り抄』（２０１８年）。内閣府知的財産戦略推進事務局が同研究所に委託、安藤社長自らが企画・制作した小冊子だ。35ページと短いが、「日本の物語編集ガイド」と銘打つだけあって、珠玉の一品である。内閣府のホームページからダウンロードできるので、ぜひ一読をお勧めしたい。

同書の中で、「キワ」「マレビト」「カブク」などとともに、「アワセ」と「ムスビ」が日本文化の核心として紹介されている。「アワセ」のくだりを引用しよう。

日本はその本来の様相が多様で多層だ。多神多仏を暮らしに取り込んできた日本の社会文化は、そもそもが異質なもの同士の共存を前提としている。和魂洋才、神仏習合、天皇と将軍、和事・荒事など異なる特色を取り込んで提示するデュアルスタンダード性が日本文化の底を流れる。多様をつなぐムスビ目に力が宿り、キワをアワセるところに日本的編集性を発揮してきた。

ここで重要なのは、異なるものを「と（and）」で両立させるだけでなく、それらを「あわせ」ることで、高次元の価値を仕立てるというところである。

「和洋折衷」を例にとっても、和と洋を並べるではなく、それぞれの良さを組み合わせて、新しい意匠に編集してしまうことを指す。たとえば、京懐石風フランス料理。その新機軸が本場フランスに持ち込まれ、50年前にヌーベル・キュイジーヌという現代風フランス料理に進化していったことは、よく知られている通りだ。

約100年前、経済学者ヨーゼフ・シュンペーターは、イノベーションの本質は、「新結合」だと喝破した。筆者は、さらに要素間の異質性を強調するために、それを「異結合」と呼んでいる。

日本流の「あわせ（Remix）」は、まさにこの異結合そのものといえよう。日本は古来、異結合によるイノベーションの名手だったのである。

本書の事例でいえば、たとえば、ポーラのキーワードである「Science. Art. Love.」。一見、異質な3要素が並んでいるようだ。しかし、「真善美」の3つを、ポーラ流に異結合させることでイノベーションを創発させようとする思いが込められている。

残念なことに、日本企業の多くは、昭和の成長に陰りが見えたとたん、この日本の伝統に背を向けてしまう。そして、欧米流の経営手法を「グローバルスタンダード」という卑屈な名のもとに、ありがたそうに直輸入し始める。マイケル・ポーターの戦略論にはじまり、経営ガバナンス論や両利きの経営論に至るまで、枚挙に暇がない。それが平成の失われた30年と軌を一にしているのは、皮肉というより滑稽である。

そして今、「ダイバーシティ&インクルージョン」が、しきりに喧伝されている。まさに「異結合」を、現代風に言い換えたものに他ならない。

確かに、昭和時代は同質性に埋没したため、進化が停滞しがちだったかもしれない。しかし、ダイバーシティ（異質性）だけに気をとられていたのでは、いつまでたっても次世代成長は起動しない。イノベーションの本質は、「結合力」、すなわち「インクルージョン・パワー」にあるからだ。

欧米流の経営論を後追いするのは、そろそろ終わりにしたいものだ。そして、今一度、日本流の「あわせ（Remix）」の伝統を復活させたい。本書で取り上げた100年を超えて進化し続けている日本企業は、その伝統の中から革新を生み出しているのである。

「引き算」の想像力

日本流の伝統として忘れてはならないのが、「わび」である。室町時代の茶人、村田珠光が創始し、千利休が完成させた「わび茶」が、その原点と言われている。前述した『日本語り抄』では、「そぎ落としてこそ見えてくる『負の美しさ』」と紹介している。

「わびさび」といえば、枯山水も日本文化の象徴の1つだ。海外では、「Zen Garden」として紹介されている。最近、週末を京都で過ごすことが多い筆者は、龍安寺や重森三玲作庭の枯山水を訪れるたびに、至極の癒しで満たされる。

水がないから、水を感じる――そのような美学を、編集工学研究所の安藤社長は「引き算の想像力」と呼ぶ。

イノベーションにとっても、引き算がカギとなる。「In」novationは外のものと内のものを異結合させることによって生み出される。ただし、外のものを内に取り込むだけでは成長ではなく膨張する一方だ。健全な成長のためには、「Ex」novation、すなわち、不要なものを外だしすることも必須となる。

シュンペーターは、それを「創造的破壊」と呼んだ。創造するためには、今の秩序を抜本的に再構築（破壊）し、余分なものを捨て去る勇気が求められる。深化と探索の「両利き」をいくら演じてみたところで、次世代成長は覚束ない。イノベーションの本質は、「新陳代謝」にあるのだ。

今回取り上げた進化企業の類型でいえば、「軸旋回（ピボット）」型や「脱構築（デコン）」型は、この新陳代謝の代表例である。たとえば味の素。有形資産を縮小させる「アセットライト」経営で、2年間で企業価値を3倍以上に高めた。さらにこれからは、アミノ酸と食品を異次元レベルで異結合させることにより、業態そのものの進化を目指している。

一方、「頭足（オクト）」型は、ともすれば戦線が拡大しすぎるきらいがある。島津製作所の山本社長は、最近お目にかかった際、「自ら獲得した資産を捨てられないのが、我々の弱み」と述懐されていた。「二天（ムサシ）型」のように、規律をもって事業領域を絞り込むか、「異結合（クロス）型」のように事業間の異結合によるイノベーションを加速させなければならない。

かつて各業界に君臨していた「総合XX企業」は、今や絶滅危惧種となっている。総合化学企業や総合電機企業は、その典型だ。総合小売企業を標榜したセブン&アイも、ついに百貨店売却を決断。今や「総合」の看板を掲げているのは商社ぐらいである。

いわゆる四大商社は、バフェット効果もあって株価が上がってきているが、それでも本書のカットオフラインのPBR2倍を大きく割り込んでいる。そのなかでのトップ企業・伊藤忠は、「か・け・ふ」の三原則を掲げていることで知られている。「稼ぐ・削る・防ぐ」。いずれも商売の基本だが、なかでも「削る」は、放っておくと膨張しやすい「頭足型」企業にとって、きわめて重要な戒律である。

『「縮み」志向の日本人』（学生社、1982年）という名著のなかで、作者の李御寧氏は、小さいものに美を認め、あらゆるものを「縮める」ところに日本文化の特徴があると喝破している。まさに「小さきものは、みなうつくし」（枕草子）という美学である。日本人が初めて開発し、世界に送り出した商品は扇子だったという。

一方で、拡大路線に走る日本人は、規律がなく危険だとも指摘する。韓国で初代文化相を務めた李氏だけに、豊臣秀吉の朝鮮出兵や大東亜戦争における日本人の異常体質にも警鐘を鳴らす。

かつて日本が中国から学んだ儒教思想は、「覇道と王道」の違いを説いた。「徳」によって、本当の仁政を行うことを王道と呼び、「武力・権謀」によって、仮り物の仁政を行うことを覇道と呼ぶ。日本企業は、「量的拡大」という名の覇権主義ではなく、

「質的向上」という王道を貫くことで、次世代進化を目指さなければならない。

「守破離」の進化力

修業《しゅうぎょう》と修行《しゅぎょう》は、一字違いだが、意味は大きく異なる。修業は、学校などで決まったことを学習することを意味する。それに対して、修行とは、悟りの境地にいたるために、精神性を高めることを指す。

古来、日本人は修行を大切にしてきた。そして、芸道や芸術の修行においては、「守破離」の3プロセスが重んじられてきた。守は「基本や型を身につける段階」、破は「既存の型を破り発展させる段階」、離は「独創的かつ個性を発揮する段階」を指す。

そのためには、まず「型」を学ばなければならない。型がなければ「型無し」となる。そして「型」があるからこそ、「型破り」が生まれる。しかし、破るだけでは、同次元での反転でしかない。そこから離れて、異次元の境地を拓くことでイノベーションが生まれるのである。

伝説的イノベーターのスティーブ・ジョブズは、「Get Out of Box（箱から出ろ）」と説き続けていた。まさに「型破り」の教えである。しかし、そのためにはまず、箱、すなわち「型」が何で、その限界がどこにあるかを知る必要がある。そうでなければ、単なるでたらめにすぎない。まさに「型無し」である。

ただし、型を完全に破棄していいわけではない、守破離の原典は、千利休の『利休道歌』のなかにある「規矩作法 守り尽くして破るとも離るるとても本を忘るな」というくだりだとされている。ここで重要なことは、「本を忘るな」である。

前述した通り、進化の本質は、「変身」ではなく「変態」である。そして「本」にこそ、あらゆる進化の源泉が織り込まれている。それを深く読み解き、正しく開花させることで新しい価値を生み出すことができるのだ。

先に紹介した編集工学研究所には、「ルーツ・エディティング」という編集手法がある（**図18**）。同社のホームページでは、次のように紹介している。

組織や地域に潜在する独自の価値を、「ルーツ」をたどりながら再発見し、未来に向けた新たな物語を再編集していきます。編集工学研究所が蓄積してきたさまざまな「知の資産」を活用することで、そこにある世界観や「らしさ」を、本質とともに表出させます。組織の歴史にとどまらず、時代や社会の変遷、背景にある思想や哲学をもカバーしたルーツの探求は、組織の未来を創造するための知財を構築す

図18　ルーツ・エディティング

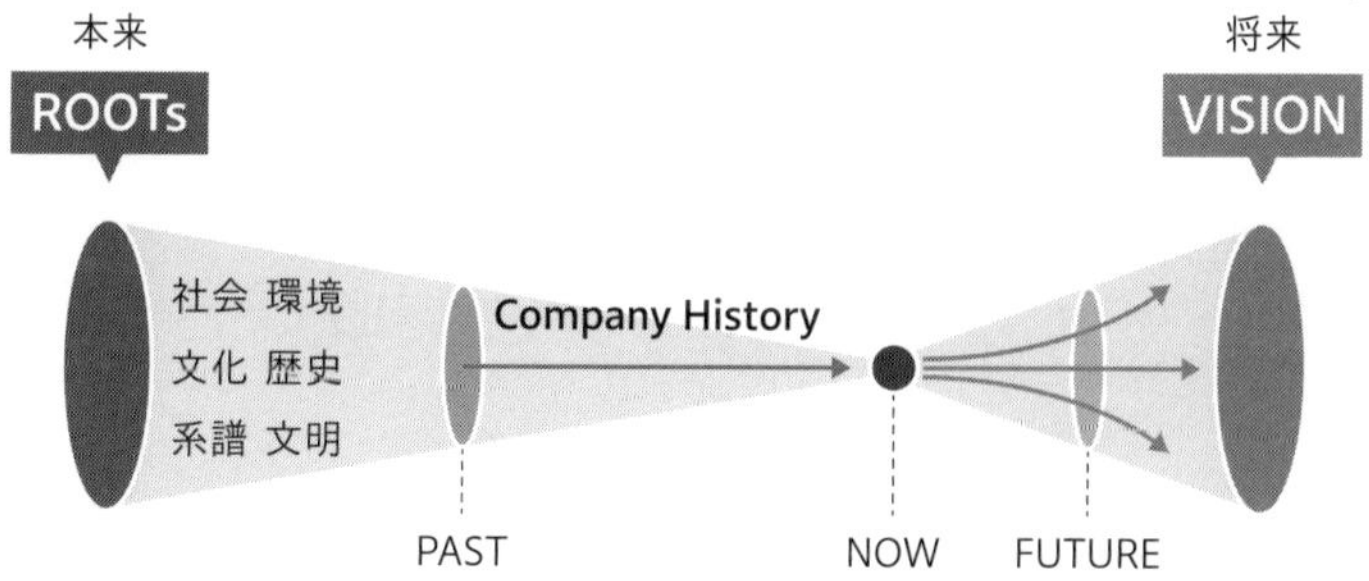

出所）編集工学研究所ホームページをもとに作成

る活動でもあります。「らしさ」をたどり「ありたい未来」を描く、そのプロセスを編集工学を駆使してご支援します。

「ルーツ・エディティング」手法によって「本来」に立ち戻り、そこから「日本の工芸を元気にする」という「将来」の事業コンセプトを生み出したのが、先に紹介した中川政七商店である。

同社が３００周年を迎えるにあたり、編集工学研究所が工芸の商業的背景を文化的背景のなかで捉え直す工芸クロニクルを編纂。工芸の歴史が金屏風に描かれ、未来に向けた工芸ワークショップを展開するなど、工芸を触媒としたさまざまな文化活動が繰り広げられた。

中川政七商店は、「脱構築（デコン）」型企業の代表例である。時間軸を守破離のリズムで「ずらす」ことによって、300年を超える企業ですら、大きな進化を遂げることができるのである。

「分人」が拓く未来

空間軸に目を転じよう。デジタルな発想では、空間をウチとソトに二分する。しかし、日本流は、ここでもその両義性に注目する。たとえば、縁側。ウチでもあり、ソトでもある不思議な空間だ。

さらに、含蓄があるのが「ナカ」というとらえ方だ。境界を挟んで物理的に存在するのが、ウチとソト。それに対して「ナカ」は、心理的な距離の近さを指す。たとえば、ナカマ。物理的にソトの存在も、心理的に近づくと「ナカマ」になる。今風にいえば、さしずめ「チーム意識」といったところか。

スポーツの世界を見ると、日本勢はチームになると俄然、パワーを発揮する。WBC優勝の侍ジャパンや、サッカーワールドカップ優勝のなでしこジャパンなどは、その典型だ。

日本人同士とは限らない。たとえば、ラグビー日本代表の「ブレイブ・ブロッサムズ」チーム。ニュージーランドやオーストラリア勢に交じって、トンガや南アフリカ出身者なども加わり、国際色豊かだ。前回（2019年）のワールドカップでベスト8になった際、ジェイミー・ジョセフ・ヘッドコーチが掲げた「ONE TEAM（ワンチーム）」が流行語大賞をとったことは、記憶に新しい。

欧米の近代化は、「個」の確立のプロセスでもあった。そして、日本人は個が未確立だと揶揄されることが多い。しかし、日本では、個ではなく「分」が重んじられる。分とは、チームのなかでの役割を指す。「持ち分」や「分際」などは、関係性のなかで「自分」を位置づける言葉である。先述した『日本語り抄』は、「分」をアワセるのが日本のチームワークだと指摘する。

たとえば、日本各地で活躍するポーラのビューティーディレクターたちは、その地域のメンバーとして、町おこしを仕掛けている。先述した「Bloom Our Town」という取り組みである。

そもそも「個人」とは、individual、すなわち「これ以上、分けられない」単位だ。しかし、日本人は、それぞれの場に「アワセ」て、「自分」を演じ分ける。これを、作家の平野啓一郎氏は「分人」と呼ぶ。日本人は、個人ではなく分人として、様々な関係性のなかで、「分」を発揮することができるのだ。

そのような分人主義を踏まえれば、働く場も多次元になる。たとえば、ロートでは6年前から、複業・兼業に取り組む社員が増えている。彼らは、より豊かな経験を積むことができ、異次元の成長を実感できるという。

Web3と呼ばれるデジタル次世代に入ると、組織の壁は軽々と越えられるようになる。まさに、「ウチ」と「ソト」が融合していくのだ。そしてそこでは「DAO（Decentralized Autonomous Organization 自律分散型組織）」が、新たな組織形態として広がっていく。詳細は、拙著『10X経営』を参照してほしい。

しかし、DAOが孤立した状態のままでは、生態系全体の進化は起こらない。DAO同士が異結合することによってはじめて、スケール感のあるイノベーションを生み出すことができるようになる。そのような創発型組織を、筆者は「DACO」と名づけている。DAOに「Connected」を加えた造語である（**図19**）。

ロートは今、「Connect」をキーワードに掲げている。ウチだけでなく、ソトとも「アワセ」ることで、「ナカマ」にしていく。創業100年を超えてなお、DACOという次世代モデルへと脱構築（デコン）しようとしている。

今後数年で、メタバース（超宇宙）は、現実社会と融合してくるはずだ。そのような世界を、筆者は「マルチバース（多層宇宙）」と呼んでいる。そこで、我々はバーチャ

図19　創発型組織への進化

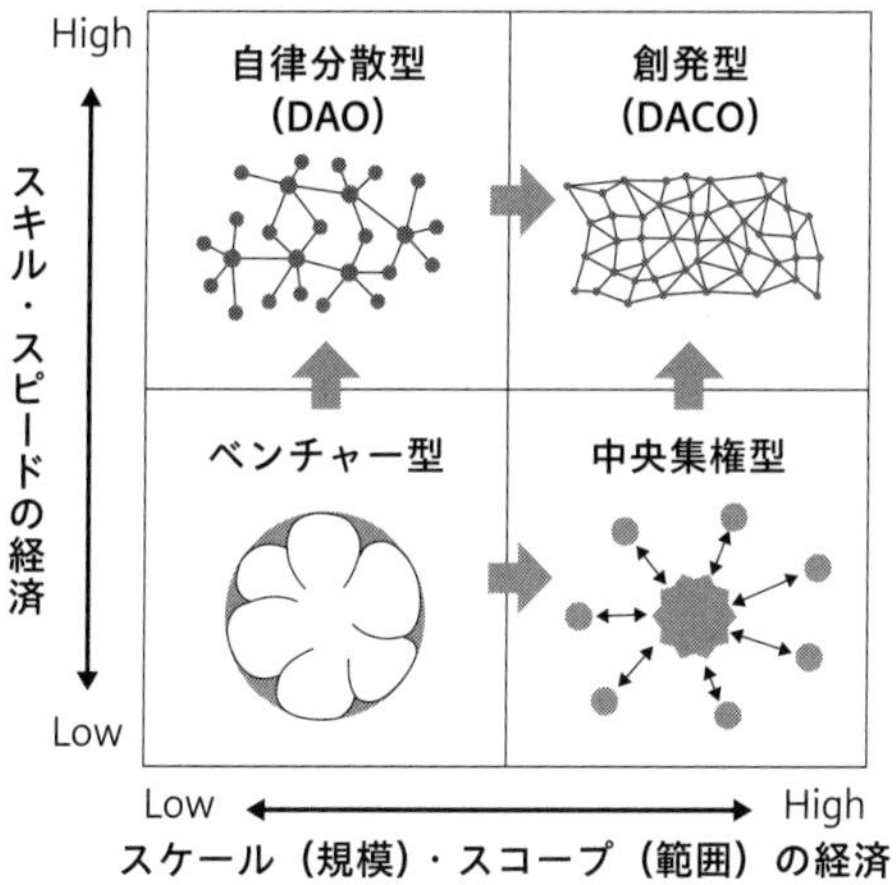

出所）名和高司『10X思考』をもとに一部修正

ルアバターやリアルアバターとなって、多層的な世界を同時多発的に経験することになる。それが、未来の分人型人間の姿である。

そこでは、一人の「人」ではなく、場に応じて多層に生きる人「間」であることが問われるのだ。

伝統的に「分人」主義を貫いてきた日本人と日本企業は、そのような未来人、そして未来企業の原型（アーキタイプ）となりうるのではないだろうか。

パーパスからプリンシプルとプラクティスへ

ＤＡＯ（自律分散型）から、ＤＡＣＯ（創発型）に向かうためには、Connectivity（結合性）を生み出す強い求心力が必要となる。そのようなマグネット（磁石）の役割を果たすのが、パーパス（志）である。

今やパーパスは、経営最前線において一種のブームになった感がある。これは、2年半前に、『パーパス経営』を上梓して火付け役となった筆者にとっては、喜ばしい半面、大いに気がかりな事態でもある。

多くの企業が、パーパスを掲げただけで終わってしまっているからだ。そのようなパーパスを筆者は「額縁パーパス」と皮肉る。さらには、実態からかけ離れた「きれいごと」をパーパスとして掲げて、「隠蔽型擬態（カモフラージュ）」を装う企業すら、少なくない。そのような事態を、筆者は「パーパス・ウォッシング」と呼ぶ。

擬態は、もっとも巧妙で、タチの悪い変身である。前述したように、企業が進化するためには、うわべだけの変身ではなく、「ナカ」みを伴った「変態」が求められる。

パーパスを擬態で終わらせず、「変態」レベルにまで昇華させるためには、まず次のキークエスチョンに真摯に向き合う必要がある。

「我々はどこから来たのか 我々は何者か 我々はどこへ行くのか」

そう、ポール・ゴーギャンの代表作の題名だ。自らの過去、現在、未来をしっかり貫く視点が求められる。そのためには、先述した「ルーツ・エディティング」などの手法が効果的だ。自らのルーツをしっかり踏まえたうえで、非連続な未来を構想する。そうすることで、心の底から「ワクワク」し、その企業「ならでは」で、みんなが「できる！」と確信する、魂のこもったパーパス（志）が浮かび上がってくるはずだ。

そのうえで、パーパスの実現に向けて、力強く踏み出していく。そのためには、社員一人ひとりが、「プリンシプル（行動原理）」を胸のなかにしっかり刻み込む必要がある。

たとえば、SCREENホールディングスにおける「思考展開」。あるいは、ロート製薬における「NEVER SAY NEVER」。このようなプリンシプルが、ともすれば現状維持バイアスに陥りがちな我々の背中を、進化に向けてしっかりと後押ししてくれる。

3つ目が「プラクティス（実践）」。一つひとつの実践の積み重ねが、「実践知」という無形資産に結実する。そしてそれを共有し、活用することで、進化の地平が着実に高まっていく。たとえば、味の素は、ASVアワードという表彰の仕組みを通じて、世界中のベストプラクティスを集積している。

100年未満なので本書では取り上げなかったが、「深耕（カルト）」型のキーエンスや「脱構築（デコン）」型のリクルートも「プラクティス」の権化である。いずれも、現場の「たくみ」を「しくみ」化し続けることで、高いPBRを誇っている。詳細は、拙著『10X思考』を参照してほしい。

パーパスは大志であり、見果てぬ夢だ。それをプリンシプル、すなわち行動原理に落とし込み、プラクティス、すなわち実践知を積み上げていく。この3つのPがそろって初めて、企業は持続的に進化していくのである。

「シン日本流」を目指せ

本書では、100年企業の進化のパターンと共通点を論じてきた。最後にそれらを、「守破離」という日本ならではの進化のアルゴリズムで、読み解き直してみよう。

まず「守」。日本は古来、伝統を大切にしてきた。京都で暮らしてみると、今なお、伝統が日常のいたるところに息づいていることに驚かされる。京都生まれの企業に、長寿企業が多いのは、決して偶然ではあるまい。

一方で、失速していく企業は、大きく2つのパターンに分かれる。一つは、伝統に固執するパターン。これまでの勝ちパターンにこだわりすぎる結果、世の中の進化の波に取り残される。その先に待っているのは、衰退死か「ゾンビ」化である。

もう一つは、逆に、次々に外部から押し寄せる進化の波を、ひたすら取り込もうとするパターン。欧米流の表層的な経営手法が、「グローバルスタンダード」などというバタくさい触れ込みで紹介されると、思わず飛びついてしまう。競争戦略、リエンジニアリング、ブルーオーシャン、リーン・スタートアップなど、枚挙に暇がない。

このような外来洪水に見舞われた時期が、「平成の失われた30年」と重なっていることも、偶然ではあるまい。

しかも、令和になっても性懲りもなく続いている。ガバナンス、デジタル・ディスラプション、ジョブ型などなど。筆者は、「エンドレスパックマン病」と揶揄している。このままだと「失われたX年」という平成の悪しき伝統を、いつまでも引きずりかねない。

イノベーションの語源は、「イン（中）＋ノベート（新しくする）」だ。外ではなく、中から生み出すものこそが、真のイノベーションなのである。

伝統のなかにこそ、革新の萌芽が内包されている。それをいかに読み解き、開花させ、みずからを「変態」していくかが、進化企業の腕の見せ所となる。

そこで重要になるのが「破」だ。伝統だけにしがみつかず、かといって新しい波にも飛びつかず、それらの限界を「破る」ことで、日本企業独自のイノベーションへと昇華させていく。

イノベーションの本質をシュンペーターは新結合と呼び、筆者は「異結合」と呼び変える。そしてそのような異結合を生む力を、編集工学研究所は「編集力」と呼ぶ。日本は太古から、和漢折衷、そして和洋折衷などといった「あわせ技」のなかから、独自の日本流を編み出してきた。この日本流の編集力を、今こそ取り戻す必要がある。

そのためには、外来の物に気を取られるのでなく、それら異質なものを取り込み、咀嚼し、良質な日本流と異結合させることによって、独自のイノベーションを生み出し続ける――本書で取り上げた進化企業に共通した成功の法則だ。

最後に「離」。日本流の伝統芸である「アワセ」からも離れる。たとえば「戦い」の地平を離れて、「共生」の地平を拓く。組織を壁抜けして、ソトとウチという区別を取っ払い、より大きな生態系（「ナカ」）の進化を目指す。自然や人間を企業活動の「資本」（キャピタル）としてではなく、共有の「資産」（アセット）と捉え直すことによって、資本主義の利己的なパラダイムそのものから訣別する。
たとえば、科学の力で、プラネタリーヘルスをマイナスからプラスへと転換することに邁進する島津製作所。あるいは、Science の力を Art と Love に異結合して、Care（心づかい）に溢れた社会の実現を目指すポーラ。一方、ロートは、「組織の壁抜け」を仕掛けることにより、企業という狭隘な器そのものの創造的破壊を目論んでいる。

100年未満であるため本書では取り上げなかったが、「軸旋回（ピボット）」型の代表企業であるユニ・チャームも注目される。同社は「共生社会」の実現に向けて、「NOLA&DOLA」をビジョンに掲げている。「NOLA」は、「Necessity of Life with Activities」の略で、生活課題の解決を目指すもの。一方、「DOLA」は「Dreams of Life with Activities」、すなわち夢や理想の実現を目指したものだ。とてもオシャレで、日本企業、そしてユニ・チャームならではの高い志である。

これらの例でも明らかなように、「離」の進化の方向性は、企業ごとにまちまちだ。それを筆者は「自由演技」と呼んでいる。SDGsのような世界共通の社会課題の解決は、いわば規定演技にすぎない。そのような規定の枠組みから離れて自由な未来を拓いていくことこそ、「守破離」を究めることに他ならない。

日本には古来、八百万《やおよろず》の神が群居していた。欧米流の一神教に「改宗」するのではなく、この多様性こそ大切にしたい。そうすれば、世界の「異教」も積極的に「ウチ」に招き入れるとともに、それらを日本流と異結合させることで、シン日本流のイノベーションを生み出し続けていくことができるはずだ。

すでに、世界の知性や良心は、この日本発イノベーションの真価に注目し始めている。我々も、我々自身がもつ価値創造の可能性にもっと目を開き、シン日本流を基軸としてのびやかに未来を拓いていこうではないか。

それが、次の100年を成長し続ける次世代進化企業への道である。そしてそのようなワクワクする未来への道に続く扉は、老舗企業にも新興企業にも、大企業にも中小企業にも、VUCA時代の今こそ、目の前に準備されている。その扉を開いて一歩大きく前に出るかどうかは、我々次第である。

おわりに

「100歳人生」が、現実味を帯びてきました。長寿国・日本は、間違いなく世界のトップ集団です。筆者もまだ、人生の3分の1は残っている計算になります。そう思うと、30年先、21世紀後半の未来に夢が広がっていきます。

少子化も重なって、とんでもない「老人大国」になってしまう、という嘆息が聞こえてきそうです。しかし、ジェロントロジー（老化学）の世界的権威デビッド・A・シンクレア教授は、『Lifespan』（2019年、邦訳『ライフスパン　老いなき世界』東洋経済新報社、2020年）のなかで、老化は病気の一種にすぎないと論じています。そして老化をなくすための方法論を提示しています。今や1万6000を超える様々な病状をあれこれと分析するのではなく、健康寿命が100歳を超えるごく一部の長寿グループの研究から、あらゆる病気の根本原因である「老化」に対する抜本策が見えてくるというのです。これからの日本は、元気なお年寄りが大いに活躍する国になるかもしれません。

企業に目を転じてみても、長寿ランキングでは日本はぶっちぎりの世界トップ。しかもなかには、年を取るにしたがって、ますます若返る企業も存在します。ヒトと同様、そのような一握りの長寿グループの研究から、企業の進化の法則を見つけ出すことができるのではないでしょうか。

本書は、そのような発想から生まれました。いわば「老いなき世界　日本企業編」を解き明かすことを意図したものです。その狙いに多少なりとも答えられたかどうかは、読者のご判断に委ねたいと思います。

「はじめに」でも触れたように、本書は『日経ビジネス』の特集がきっかけとなりました。その編集リーダーだった岡田達也さん（現・日本経済新聞社記者）並びに編集チームの皆様とは、とても刺激的な議論をさせていただきました。

また本書を書き下ろすことになったのは、その記事を読んだ日経BPの堀口祐介さんからのお声がけがあったからです。堀口さんに担当していただくのは、本書で3冊目。前著『経営変革大全』（2020年）、『稲盛と永守』（2021年）同様、大変お世話になりました。

最後に、筆者の個人的な思いを書き添えておきたいと思います。

2010年、20年近く勤めたマッキンゼーを退社した際に、個人の新会社を立ち上げました。その名を「ジェネシスパートナーズ」といいます。英語で「Genesis」といえば、旧約聖書の最初に出てくる「創世記」を指します。それはそれでまさに革新的な響きがありますが、新訳聖書の最終章「ヨハネの黙示録」の後でもない限り、再び「創世記」を掲げてもピンとこない気もします。

筆者の会社の英語名は、実は「Genesys」と綴ります。「Gene（遺伝子）」と「System（系）」を異結合させた造語です。そしてこの社名には、企業のDNAを生態系のなかで組み替えるお手伝いをするという思いが込められているのです。

企業はそれぞれ固有のDNAを持っています。そのDNAのなかには、未実現の可能性が織り込まれているはずです。それを読み解き、開放系かつ非連続な未来に拓く（evolve）こと、すなわち各企業ならではの進化（Evolution）を創発していくことをお手伝いしたい――それが、筆者の熱い志（パーパス）なのです。

本書では、100年企業を題材に、進化企業の法則を読み解いてみました。これらの法則は、これから30年後、50年後、あるいは22世紀に100年を迎える企業にも、参考になるはずです。

読者の皆様に、本書からそのようなメッセージを読み取っていただけたら、著者冥利に尽きます。

名和 高司（ナワ・タカシ）

京都先端科学大学教授、一橋大学ビジネススクール客員教授
東京大学法学部、ハーバード・ビジネススクール卒業（ベーカースカラー授与）。三菱商事を経て、マッキンゼーで約20年間勤務。同社のディレクターとして、自動車・製造業プラクティスのアジア地区ヘッド、デジタル分野の日本支社ヘッドなどを歴任。2010年一橋大学ビジネススクール特任教授、現在、同客員教授。2021年京都先端科学大学ビジネススクール客員教授に就任、2022年4月より同教授。デンソー、ファーストリテイリング、味の素、SOMPOホールディングスなどの社外取締役、朝日新聞社の社外監査役、ボストン・コンサルティング・グループ、アクセンチュア、インターブランドなどのシニアアドバイザーを歴任。『パーパス経営』『経営変革大全』『企業変革の教科書』『CSV経営戦略』『稲盛と永守』『資本主義の先を予言した　史上最高の経済学者　シュンペーター』『10X思考』『パーパス経営入門』など著書多数。

超進化経営

2024年3月6日　1版1刷

著者 ―――――― 名和高司

発行者 ――――― 國分正哉
発行 ―――――― 株式会社日経BP
日本経済新聞出版
発売 ―――――― 株式会社日経BPマーケティング
〒105-8308　東京都港区虎ノ門4-3-12

ブックデザイン ―― 竹内雄二
印刷・製本 ――― シナノ印刷

ISBN978-4-296-11844-1　　Printed in Japan